L'

Augustin TEVI

L'APOLOGETIQUE CHRETIENNE

Défendre la Foi dans un Monde en Mutation

Éditions Croix du Salut

Imprint

Any brand names and product names mentioned in this book are subject to trademark, brand or patent protection and are trademarks or registered trademarks of their respective holders. The use of brand names, product names, common names, trade names, product descriptions etc. even without a particular marking in this work is in no way to be construed to mean that such names may be regarded as unrestricted in respect of trademark and brand protection legislation and could thus be used by anyone.

Cover image: www.ingimage.com

Publisher:
Éditions Croix du Salut
is a trademark of
Dodo Books Indian Ocean Ltd. and OmniScriptum S.R.L publishing group

120 High Road, East Finchley, London, N2 9ED, United Kingdom
Str. Armeneasca 28/1, office 1, Chisinau MD-2012, Republic of Moldova, Europe

ISBN: 978-620-6-17098-3

Copyright © Augustin TEVI
Copyright © 2024 Dodo Books Indian Ocean Ltd. and OmniScriptum S.R.L publishing group

"L'APOLOGETIQUE CHRETIENNE :
Défendre la Foi dans un Monde en Mutation"

Table des Matières

- Introduction : Qu'est-ce que l'apologétique ? 4
- Chapitre : Les Fondements de la Foi Chrétienne 4
    - La Bible : Source d'Autorité et d'Inspiration
    - Les Grandes Doctrines de la Foi Chrétienne
        - La Trinité
        - L'Incarnation de Jésus-Christ
        - La Mort et la Résurrection
    - Foi et Raison : Une Union Complémentaire
    - L'Histoire du Salut : De la Création à la Rédemption
- Chapitre : Les Défis du Monde Moderne 11
    - Le Sécularisme et l'Athéisme
    - Le Relativisme Moral et la Vérité Absolue
    - Le Scepticisme Scientifique
    - Le Postmodernisme : Un Défi Culturel
- Chapitre : L'Apologétique et les Sciences 17
    - La Convergence entre Foi et Science
    - Les Grandes Objections Scientifiques à la Foi
    - Arguments Apologétiques Fondés sur la Science
- Chapitre : L'Apologétique et la Philosophie 24
    - Les Grandes Questions Philosophiques
    - Le Problème du Mal
    - Les Apports des Philosophes Chrétiens
- Chapitre : L'Apologétique face aux Autres Religions 32
    - Le Christianisme et l'Islam
    - Le Christianisme et l'Hindouisme
    - Le Christianisme et le Bouddhisme
- Chapitre : Répondre aux Défis Culturels Modernes 43

- La Question de l'Identité : Sexe, Genre et Sexualité
- **Annexes : Bibliographie et Références Supplémentaires 55**

Introduction : Qu'est-ce que l'apologétique ?

Depuis plus d'une décennie, le *Ministère International Sentier Étroit*, que j'ai eu l'honneur de fonder en 2012, s'est consacré au perfectionnement des saints et à l'édification du corps de Christ, comme le prescrit Éphésiens 4:12 : *"pour le perfectionnement des saints en vue de l'œuvre du ministère et de l'édification du corps de Christ"*. Nous avons constamment encouragé les croyants à vivre une vie chrétienne équilibrée, en s'impliquant activement au sein de leur église, de leur communauté et de leur nation. À travers ce ministère, j'ai observé de nombreux défis auxquels les chrétiens, jeunes et moins jeunes, sont confrontés dans leur marche avec Dieu, notamment face aux critiques modernes qui cherchent à ébranler leur foi.

Cet ouvrage est le fruit d'un fardeau particulier que je porte depuis des années : l'éducation chrétienne, dès le plus jeune âge, est cruciale pour former des croyants ancrés dans la vérité de l'Évangile. Que vous soyez pasteur, étudiant ou simple chrétien, mon objectif à travers ces pages est de vous équiper avec les outils nécessaires pour défendre votre foi face aux défis des temps modernes. À une époque où les croyances chrétiennes sont régulièrement remises en question, non seulement par les athées et les sceptiques, mais aussi par une culture globalement sécularisée, il est impératif que chaque chrétien soit capable de répondre avec assurance et amour aux objections qui lui sont présentées.

Historiquement, l'apologétique, qui consiste à défendre rationnellement la foi chrétienne, a toujours eu une place de choix dans la tradition de l'Église. Des premiers Pères de l'Église, comme Justin Martyr, jusqu'aux défenseurs modernes tels que C.S. Lewis, les chrétiens ont dû répondre aux critiques de leur époque. Les attaques venaient parfois de la philosophie, parfois des nouvelles découvertes scientifiques, ou encore d'autres religions. Aujourd'hui, nous faisons face à des défis uniques : la montée du sécularisme, du relativisme moral, et l'influence croissante de la science et des médias qui tendent à éroder les fondements de la foi chrétienne.

Mon plus grand désir, en tant que serviteur de Dieu, est de voir chaque chrétien équipé pour répondre avec sagesse et clarté aux questions de notre époque. C'est pourquoi ce livre fait partie d'un ensemble de documents qui seront inclus dans le programme d'études universitaires chrétiennes, afin de préparer une nouvelle génération de croyants capables de défendre leur foi tout en engageant le monde qui les entoure.

L'apologétique n'est pas seulement un exercice intellectuel réservé à quelques experts, mais un appel à tous les croyants. Elle nous aide à mieux comprendre notre foi, à renforcer nos convictions personnelles et à répondre à ceux qui cherchent sincèrement à connaître la vérité. Elle permet aussi aux pasteurs, aux éducateurs et aux parents de guider efficacement les jeunes dans la foi, en répondant à leurs questions et en leur fournissant des bases solides dès leur plus jeune âge.

À travers ce livre, nous explorerons les fondements de la foi chrétienne, les défis que posent la culture et la pensée moderne, et comment chaque croyant peut être un défenseur efficace de la vérité biblique. Nous examinerons les objections courantes et proposerons des réponses claires, basées sur la Parole de Dieu et la raison, afin de démontrer que la foi chrétienne est non seulement pertinente, mais aussi rationnelle et cohérente dans notre monde d'aujourd'hui.

Alors que nous commençons ce voyage ensemble, je vous invite à réfléchir à cette question essentielle : dans un monde en perpétuelle mutation, où les vérités semblent floues et relatives, comment pouvons-nous, en tant que croyants, défendre et proclamer la vérité immuable de l'Évangile ?

Chapitre 1 : Les Fondements de la Foi Chrétienne

1.1 La Bible : Source d'Autorité et d'Inspiration

La foi chrétienne repose sur une fondation solide : la Parole de Dieu. La Bible, composée de l'Ancien et du Nouveau Testament, est la révélation écrite de Dieu à l'humanité. Elle est au cœur de toute doctrine chrétienne et constitue la source d'autorité sur laquelle reposent les croyances des chrétiens. Selon 2 Timothée 3:16 : *"Toute Écriture est inspirée de Dieu, et utile pour enseigner, pour convaincre, pour corriger, pour instruire dans la justice."*

L'inspiration divine de la Bible signifie que, bien que ses auteurs humains aient écrit dans leurs propres contextes culturels et linguistiques, ils ont été guidés par l'Esprit Saint. C'est pourquoi les chrétiens considèrent la Bible comme infaillible dans ses enseignements spirituels, doctrinaux et moraux.

Pour défendre la foi chrétienne, il est essentiel de comprendre que la Bible n'est pas simplement un livre religieux parmi d'autres. Elle est unique en raison de son unité interne, malgré la diversité de ses auteurs, et de son message cohérent de rédemption à travers Jésus-Christ. Les croyants doivent être capables d'expliquer pourquoi ils croient que la Bible est fiable, inspirée, et applicable aux défis contemporains.

1.2 Les Grandes Doctrines de la Foi Chrétienne

L'apologétique chrétienne commence par une bonne compréhension des doctrines fondamentales qui forment la colonne vertébrale du christianisme. Voici les doctrines les plus essentielles :

1.2.1 La Trinité

La doctrine de la Trinité est l'une des plus importantes et aussi l'une des plus souvent mal comprises ou attaquées par ceux en dehors de la foi chrétienne. Le christianisme enseigne qu'il y a un seul Dieu, existant éternellement en trois personnes distinctes mais co-égales : le Père, le Fils (Jésus-Christ), et le Saint-Esprit. Cette doctrine est essentielle car elle montre la nature de Dieu tel qu'Il s'est révélé dans la Bible. Le Père crée, le Fils rachète, et le Saint-Esprit sanctifie, chacun jouant un rôle unique tout en étant unis dans une parfaite communion.

En apologétique, la Trinité est souvent confrontée à des objections philosophiques ou des incompréhensions culturelles. Il est important pour les croyants de pouvoir expliquer cette doctrine, non pas en termes mathématiques, mais comme une réalité transcendante révélée par Dieu.

1.2.2 L'Incarnation de Jésus-Christ

Jésus-Christ, le Fils de Dieu, est au centre de la foi chrétienne. La doctrine de l'incarnation affirme que Dieu est devenu homme en la personne de Jésus. Cela signifie que Jésus était pleinement Dieu et pleinement homme, deux natures en une seule personne, comme l'affirme Jean 1:14 : *"Et la Parole a été faite chair, et elle a habité parmi nous, pleine de grâce et de vérité."*

L'incarnation est cruciale car elle montre comment Dieu s'est rapproché de l'humanité, afin de racheter l'humanité du péché. En défendant cette doctrine, les chrétiens doivent être prêts à répondre à des objections telles que la possibilité de l'union divine et humaine, ainsi qu'à des idées erronées concernant la nature de Jésus.

1.2.3 La Mort et la Résurrection

Le cœur de l'Évangile réside dans la mort et la résurrection de Jésus-Christ. Sa mort sur la croix n'était pas simplement un événement tragique, mais l'accomplissement du plan rédempteur de Dieu pour sauver l'humanité du péché. Comme l'affirme 1 Corinthiens 15:3-4 : *"Christ est mort pour nos péchés, selon les Écritures; il a été enseveli, et il est ressuscité le troisième jour, selon les Écritures."*

La résurrection est l'événement clé qui valide la divinité de Jésus et la vérité de ses enseignements. Sans la résurrection, le christianisme perdrait toute sa valeur (1 Corinthiens 15:14). Défendre la résurrection est crucial en apologétique, car c'est l'élément qui différencie le christianisme de toutes les autres croyances religieuses. De nombreux apologètes ont exploré des arguments historiques et rationnels pour prouver la réalité de cet événement surnaturel.

1.3 Foi et Raison : Une Union Complémentaire

L'une des critiques courantes de la foi chrétienne dans le monde moderne est l'idée que la foi et la raison sont incompatibles. De nombreux sceptiques affirment que la foi chrétienne est une affaire de croyance aveugle, sans fondement rationnel. Cependant, cette idée est loin de la vérité. La foi chrétienne n'est pas irrationnelle, mais elle est transrationnelle – elle va au-delà de la simple raison humaine sans la contredire.

La Bible nous invite à aimer Dieu non seulement avec notre cœur, mais aussi avec notre esprit. Jésus lui-même a déclaré dans Marc 12:30 : *"Tu aimeras le Seigneur, ton Dieu, de tout ton cœur, de toute ton âme, de toute ta pensée."* La pensée, la réflexion, et l'analyse rationnelle sont donc des éléments essentiels dans la vie chrétienne.

1.4 L'Histoire du Salut : De la Création à la Rédemption

La compréhension de l'histoire du salut est un élément fondamental pour les croyants, car elle fournit un cadre narratif à l'ensemble de la foi chrétienne. De la création du monde à la nouvelle création promise dans l'Apocalypse, cette histoire raconte le plan rédempteur de Dieu pour l'humanité, brisée par le péché et restaurée par la grâce à travers Jésus-Christ.

1.4.1 La Création : Dieu, Auteur de Toute Chose

Le récit de la création dans Genèse 1-2 est fondamental pour la compréhension chrétienne de l'univers et de la place de l'homme en son sein. La croyance que Dieu a créé le monde *ex nihilo* (à partir de rien) distingue le christianisme de nombreuses autres visions religieuses et philosophiques qui considèrent la matière comme éternelle ou auto-existante. Dieu n'est pas seulement le créateur de l'univers matériel, mais aussi de l'ordre moral et spirituel qui régit l'existence humaine.

Le récit de la création place également l'homme dans une position unique, créé à l'image de Dieu (Imago Dei), ce qui confère à chaque être humain une dignité et une valeur intrinsèque. Cette vision du monde contraste fortement avec les perspectives séculaires modernes, telles que le matérialisme ou l'évolutionnisme strict, qui voient l'humanité comme un accident cosmique sans but ultime.

1.4.2 La Chute : L'Introduction du Péché dans le Monde

Le récit de la chute dans Genèse 3, où Adam et Ève désobéissent à Dieu en mangeant du fruit de l'arbre de la connaissance du bien et du mal, introduit le péché et la mort dans l'histoire humaine. L'apologétique chrétienne doit expliquer pourquoi cette chute a des conséquences non seulement spirituelles, mais aussi matérielles, affectant toute la création.

La chute entraîne une rupture entre Dieu et l'homme, une aliénation entre l'humanité et la nature, et une corruption de la nature humaine elle-même. Les doctrines du péché originel et de la dépravation humaine aident à comprendre pourquoi le mal et la souffrance existent dans le monde, et pourquoi les humains ne peuvent pas se sauver eux-mêmes par leurs propres efforts.

1.4.3 La Rédemption : Le Plan de Dieu pour Sauver l'Humanité

Le thème central de la Bible est la rédemption, c'est-à-dire le plan de Dieu pour sauver l'humanité de la conséquence du péché et restaurer la relation brisée avec Lui. Ce plan atteint son apogée dans la personne de Jésus-Christ, qui par sa mort et sa résurrection accomplit la rédemption du monde.

Dans ce cadre, l'apologète chrétien doit expliquer l'importance du sacrifice de Jésus sur la croix. Contrairement à d'autres religions qui mettent l'accent sur les œuvres ou les rituels pour atteindre la rédemption, le christianisme affirme que c'est uniquement par la grâce de Dieu, à travers la foi en Jésus-Christ, que l'humanité peut être sauvée (Éphésiens 2:8-9). Ce message est essentiel pour répondre aux objections modernes qui rejettent l'idée de la nécessité d'un sauveur.

1.4.4 L'Accomplissement : La Promesse de la Nouvelle Création

La foi chrétienne n'est pas seulement tournée vers le passé (la création et la rédemption), mais aussi vers l'avenir. Le Nouveau Testament enseigne que Jésus reviendra pour juger les vivants et les morts et pour établir une nouvelle création où il n'y aura plus de souffrance, de mal ni de mort (Apocalypse 21:1-5). Cette espérance eschatologique est une réponse aux préoccupations modernes sur le sens et la finalité de l'existence humaine.

Cette dimension eschatologique de la foi chrétienne apporte une réponse aux philosophies existentialistes qui perçoivent la vie humaine comme absurde et sans but ultime. L'espérance chrétienne est fondée sur la promesse d'une restauration complète de la création.

1.5 La Foi et les Œuvres : Le Paradoxe Résolu

L'une des tensions classiques dans la théologie chrétienne est la relation entre la foi et les œuvres. Martin Luther a souligné que le salut est uniquement par la foi (sola fide), tandis que l'apôtre Jacques affirme que "la foi sans les œuvres est morte" (Jacques 2:26). Cette apparente contradiction peut soulever des objections sur la cohérence de la théologie chrétienne.

1.5.1 La Justification par la Foi

L'apologétique chrétienne doit clarifier que le salut ne s'obtient pas par les œuvres, mais par la foi seule. La justification par la foi signifie que c'est par la confiance en Christ que le croyant est déclaré juste devant Dieu (Romains 5:1). Cette doctrine est cruciale pour contrer les religions ou philosophies qui mettent l'accent sur le mérite personnel ou les œuvres humaines pour obtenir la faveur divine.

1.5.2 Les Œuvres comme Fruit de la Foi

Cependant, les œuvres ont leur place dans la vie chrétienne en tant que fruit de la foi véritable. La foi qui sauve produit naturellement des bonnes œuvres, non pas comme condition du salut, mais comme conséquence de celui-ci. C'est pourquoi l'apôtre Paul déclare dans Éphésiens 2:10 que "nous sommes son ouvrage, ayant été créés en Jésus-Christ pour de bonnes œuvres, que Dieu a préparées d'avance, afin que nous les pratiquions". Les œuvres démontrent l'authenticité de la foi, mais ne sont pas la base du salut.

1.6 La Foi Chrétienne face aux Idéologies Contemporaines

Dans le monde moderne, la foi chrétienne se trouve confrontée à diverses idéologies qui tentent d'expliquer l'univers et la place de l'homme en dehors de toute révélation divine. Ces idéologies incluent le matérialisme, le naturalisme, l'humanisme séculier et le relativisme moral.

1.6.1 Le Matérialisme et le Naturalisme

Le matérialisme, qui affirme que seule la matière existe, et le naturalisme, qui affirme que tout peut être expliqué par des causes naturelles, sont deux visions dominantes dans la pensée moderne. Ces perspectives rejettent l'idée de Dieu, de l'âme ou de toute réalité spirituelle. Les apologètes chrétiens doivent répondre à ces idéologies en montrant les limites de l'approche matérialiste pour expliquer des réalités comme la conscience, la moralité, et le sens ultime de la vie.

1.6.2 L'Humanisme Séculier

L'humanisme séculier est une philosophie qui place l'homme au centre de l'univers, rejetant toute transcendance ou intervention divine. Ce système de pensée propose que l'humanité peut progresser grâce à la raison, la science, et l'éthique autonome. En réponse, l'apologétique chrétienne doit montrer que, bien que l'humanisme puisse sembler noble, il ne peut pas répondre aux besoins profonds de l'âme humaine ni offrir une solution aux problèmes fondamentaux du péché et de la mort.

1.6.3 Le Relativisme Moral et la Subjectivité de la Vérité

Le relativisme moral, qui affirme qu'il n'existe pas de vérités morales absolues, est l'une des idéologies contemporaines les plus répandues. Cette vision du monde considère que chaque personne ou culture définit ce qui est "bien" ou "mal" selon ses propres standards. L'apologétique chrétienne doit défendre l'existence de vérités morales absolues, enracinées dans le caractère immuable de Dieu, et montrer les contradictions internes du relativisme. Sans une vérité morale universelle, il devient impossible de juger objectivement des actions comme le génocide ou l'esclavage.

L'apologétique met en lumière l'idée que les croyances chrétiennes peuvent être justifiées rationnellement, tout en reconnaissant que certaines vérités, comme la nature de Dieu ou la résurrection, transcendent notre compréhension limitée. En ce sens, la foi chrétienne ne nie pas la raison, mais elle inclut la capacité à croire à des vérités que la raison seule ne peut totalement appréhender.

Ce chapitre montre les piliers de la foi chrétienne : la Bible, les doctrines essentielles (Trinité, incarnation, résurrection) et la relation entre foi et raison.

Chapitre 2 : Les Défis du Monde Moderne

2.1 Le Sécularisme et l'Athéisme

Dans de nombreuses sociétés modernes, le sécularisme est devenu la norme culturelle et politique dominante. Le sécularisme consiste à séparer la religion des affaires publiques, et bien qu'il puisse protéger la liberté religieuse, il a également pour effet d'éroder la place de la foi dans la vie quotidienne. Le christianisme est souvent marginalisé, perçu comme une pratique privée qui n'a pas de pertinence dans les débats publics sur l'éthique, la politique ou la science.

L'athéisme, quant à lui, a gagné en popularité, surtout à travers des penseurs contemporains comme Richard Dawkins, Sam Harris, ou Christopher Hitchens, qui ont influencé des millions de personnes à travers leurs écrits et leurs débats. Le "nouvel athéisme" ne se contente pas de nier l'existence de Dieu ; il cherche activement à discréditer la religion comme étant nuisible, irrationnelle et dépassée.

Les croyants sont appelés à répondre à cette montée de l'athéisme en démontrant que la foi chrétienne est intellectuellement défendable et rationnelle. Il est aussi important de souligner que le christianisme, loin d'être un frein à la civilisation, a contribué de manière significative à des domaines tels que la science, l'éthique, et la justice sociale. L'apologétique moderne doit donc offrir des réponses bien pensées à la critique selon laquelle la foi n'aurait plus sa place dans une société "éclairée".

2.2 Le Relativisme Moral et la Vérité Absolue

Une autre tendance dominante dans le monde moderne est le relativisme moral. Selon cette vision, il n'existe pas de vérités morales objectives ; au contraire, chaque individu, culture ou société est libre de définir ses propres normes éthiques. Ce relativisme est souvent résumé par des expressions comme : *"Ce qui est vrai pour toi ne l'est pas forcément pour moi"* ou *"Chacun sa vérité."*

Le relativisme moral s'oppose directement à la vision chrétienne, qui enseigne que Dieu est la source ultime de la vérité et que certaines valeurs morales sont universelles et immuables. Par exemple, des notions telles que l'amour du prochain, la dignité humaine, et la justice sont enracinées dans la nature même de Dieu et ne sont pas sujettes aux changements culturels.

En apologétique, il est crucial de montrer que le relativisme moral n'est pas une position viable à long terme. Si tout est relatif, il devient impossible de condamner les injustices ou de promouvoir le bien commun de manière cohérente. De plus, l'absence de vérité absolue conduit à une confusion morale qui peut avoir des conséquences dévastatrices sur la société.

L'apologétique chrétienne doit affirmer que non seulement la vérité morale existe, mais qu'elle est accessible à travers la révélation divine et la loi naturelle. Les chrétiens doivent être prêts à défendre ces vérités dans un monde où les certitudes morales sont constamment remises en question.

2.3 Le Scepticisme Scientifique

Le progrès scientifique a apporté d'énormes bénéfices à l'humanité, mais il a aussi suscité une forme de scepticisme à l'égard des croyances religieuses. De nombreux penseurs modernes estiment que la science est la seule voie d'accès à la vérité et que toute croyance religieuse qui ne peut être prouvée par des méthodes scientifiques est invalide ou irrationnelle.

Ce type de scepticisme est souvent exacerbé par des débats sur des sujets tels que l'évolution, le big bang, ou encore la conscience. La science est vue par certains comme étant en conflit direct avec la foi chrétienne, surtout lorsqu'il s'agit de questions liées à l'origine de l'univers ou de la vie humaine.

Pourtant, la science et la foi ne sont pas incompatibles. De nombreux scientifiques, croyants ou non, reconnaissent que la science répond à des questions du "comment" (les mécanismes de l'univers), tandis que la religion aborde les questions du "pourquoi" (le sens et la finalité de l'existence). L'apologétique doit donc clarifier cette distinction et montrer que la foi et la science peuvent se compléter. Les croyants doivent être capables de répondre aux objections scientifiques courantes, tout en affirmant que la foi fournit une explication plus complète de la réalité que la science seule ne peut offrir.

2.4 Le Postmodernisme : Un Défi Culturel

Le postmodernisme est une approche intellectuelle qui rejette les méta-récits universels et prône une diversité d'interprétations. Dans cette perspective, toute vérité est relative, et il n'existe pas de grand récit unique pour expliquer l'existence ou donner du sens à la vie. Cette vision influence fortement la manière dont la culture contemporaine perçoit la religion, la vérité et l'autorité.

Les chrétiens doivent être conscients de l'influence du postmodernisme, surtout dans les domaines des arts, de la littérature, et des médias. Le postmodernisme remet en question les affirmations de vérité absolue, ce qui peut rendre la proclamation de l'Évangile plus complexe. Toutefois, l'apologétique chrétienne peut montrer que, bien que la diversité des opinions et des perspectives soit enrichissante, il existe des vérités fondamentales qui transcendent les cultures et les époques.

Il est donc essentiel de démontrer que l'Évangile n'est pas simplement un point de vue parmi d'autres, mais qu'il offre une réponse cohérente et pertinente aux grandes questions de l'humanité : *Qui sommes-nous ? D'où venons-nous ? Pourquoi sommes-nous ici ?* Les chrétiens doivent également être prêts à dialoguer avec ceux qui, influencés par le postmodernisme, pourraient être sceptiques quant à l'idée même de vérité.

2.5 Le Conflit entre Tolérance et Vérité

Dans les sociétés modernes, la tolérance est souvent mal comprise. On la confond parfois avec le relativisme, et on estime qu'accepter et valider toutes les croyances et pratiques est une preuve de tolérance. Toutefois, la véritable tolérance n'exige pas d'accepter toutes les idées comme également vraies, mais plutôt de respecter les personnes tout en étant capable de maintenir des désaccords profonds.

Les chrétiens sont souvent accusés d'intolérance lorsqu'ils affirment que Jésus-Christ est le seul chemin vers Dieu ou lorsqu'ils soutiennent des positions éthiques basées sur la Bible. Pourtant, il est possible d'affirmer la vérité de l'Évangile tout en respectant les personnes qui ne partagent pas ces croyances.

L'apologétique chrétienne doit aider les croyants à naviguer dans ces eaux délicates, en leur donnant les outils pour exprimer la vérité avec amour et respect, sans compromettre les fondements de la foi. La clé réside dans l'équilibre entre la grâce et la vérité (Jean 1:14) : affirmer la vérité biblique tout en adoptant une posture humble et respectueuse.

2.6 La Montée de l'Individualisme et la Crise de la Communauté

L'ère moderne est marquée par une montée de l'individualisme, où l'accent est mis sur l'autonomie personnelle et l'indépendance plutôt que sur l'appartenance à une communauté. Bien que cette valorisation de l'individu ait ses aspects positifs (notamment en matière de droits et de libertés personnelles), elle a également des effets dévastateurs sur les relations humaines et les communautés.

2.6.1 L'Isolement dans la Culture de l'Autonomie

L'obsession de l'individualisme conduit souvent à un isolement croissant. Les liens familiaux et communautaires sont de plus en plus fragiles, et l'accent mis sur le "moi" se traduit par une recherche constante d'épanouissement personnel au détriment des relations collectives. Cette fragmentation de la société a également des répercussions spirituelles. En rejetant l'idée d'une dépendance mutuelle au sein du corps du Christ, l'individualisme sape la notion biblique de la communauté chrétienne.

L'apologétique chrétienne doit répondre à cette crise en réaffirmant la valeur de la communauté dans la foi chrétienne. Le christianisme enseigne que nous sommes créés pour vivre en communion, non seulement avec Dieu, mais aussi les uns avec les autres (Romains 12:5). L'Église est décrite comme un corps où chaque membre dépend des autres pour grandir et prospérer. Ce modèle contraste avec l'individualisme moderne et offre une vision de la vie humaine plus épanouissante, basée sur l'interdépendance et l'amour mutuel.

2.6.2 L'Appartenance à une Communauté comme Antidote

Pour beaucoup, la communauté chrétienne peut servir d'antidote à l'isolement. L'Église offre un sens de la famille spirituelle, où chacun peut trouver son identité et un but commun. Les croyants doivent être encouragés à participer activement à la vie de leur communauté ecclésiale, à servir les autres, et à construire des relations profondes qui reflètent l'amour du Christ.

2.7 Le Transhumanisme et la Transformation de l'Humanité

Le transhumanisme est une idéologie émergente qui propose d'utiliser la technologie pour transcender les limites biologiques de l'humanité. À travers des avancées comme l'intelligence artificielle, les biotechnologies, et la cybernétique, les transhumanistes rêvent de créer une "post-humanité", où les maladies, la vieillesse et même la mort pourraient être surmontées.

2.7.1 La Tentation du Contrôle Total

Le transhumanisme soulève des questions éthiques et théologiques profondes sur la nature humaine. Il représente une forme moderne du désir ancien de "devenir comme Dieu" (Genèse 3:5), en cherchant à contrôler non seulement le monde naturel, mais aussi l'essence même de l'humanité. Ce désir de perfectionner l'humanité par des moyens technologiques peut être vu comme une forme de refus des limites que Dieu a imposées à la créature humaine.

L'apologétique chrétienne doit mettre en garde contre les dangers d'une telle vision, qui risque de nier la dignité humaine en la réduisant à des fonctions biologiques ou technologiques. L'enseignement biblique nous rappelle que l'humanité, malgré ses imperfections, est créée à l'image de Dieu (Imago Dei) et que les tentatives de "perfectionner" cette image par la technologie peuvent facilement conduire à une déshumanisation.

2.7.2 La Rédemption en Christ contre la Transformation Technologique

Le christianisme enseigne que la véritable transformation de l'humanité ne se fait pas par la technologie, mais par la rédemption en Christ. Seule la nouvelle naissance en Jésus-Christ peut restaurer pleinement l'humanité (Jean 3:3). Alors que le transhumanisme promet une amélioration matérielle et temporaire, l'Évangile promet une résurrection éternelle et la transformation de la personne tout entière (1 Corinthiens 15:42-44). Cette perspective donne un espoir authentique et durable, bien supérieur aux promesses transhumanistes.

2.8 Le Défi des Identités Numériques et des Réseaux Sociaux

Avec l'essor des réseaux sociaux et des technologies numériques, une nouvelle forme d'identité a émergé : l'identité numérique. Les gens passent de plus en plus de temps à se créer et à gérer des versions idéalisées d'eux-mêmes en ligne, souvent au détriment de leur vraie vie et de leurs relations réelles.

2.8.1 L'Illusion de l'Authenticité en Ligne

Les réseaux sociaux offrent un terrain fertile pour le narcissisme et la comparaison sociale. Les individus peuvent créer des versions filtrées d'eux-mêmes, façonnant leur identité autour de ce qu'ils perçoivent comme étant socialement désirable. Cela peut entraîner une perte de l'authenticité et un sentiment d'insatisfaction permanente, car les gens sont constamment en compétition avec des standards inatteignables.

L'apologétique chrétienne peut apporter une perspective alternative en soulignant que notre véritable identité ne réside pas dans l'image que nous projetons en ligne, mais dans notre relation avec Dieu. Le christianisme enseigne que la véritable valeur d'une personne vient de son statut de fils ou fille de Dieu, et non des "likes" ou des abonnés qu'elle accumule sur les réseaux sociaux (Galates 4:7).

2.8.2 Les Réseaux Sociaux comme Outil de Témoignage

En même temps, l'apologétique chrétienne doit reconnaître que les réseaux sociaux offrent une opportunité unique de témoigner de l'Évangile à un public mondial. Les croyants peuvent utiliser ces plateformes pour partager des messages d'espoir, diffuser des ressources bibliques et engager des conversations significatives sur la foi. Cependant, cela doit se faire avec discernement, en évitant les pièges de la superficialité et de la recherche de validation.

2.9 L'Éthique Chrétienne face aux Défis Bioéthiques Modernes

Les progrès en matière de biotechnologie, d'avortement, d'euthanasie, et de manipulation génétique posent des défis éthiques considérables à la foi chrétienne. Alors que les sociétés modernes tendent à valoriser l'autonomie et le choix individuel au-dessus de toute autre considération, l'éthique chrétienne offre une vision plus nuancée, centrée sur la dignité de la vie humaine à toutes ses étapes.

2.9.1 L'Éthique de la Vie

Le christianisme affirme que toute vie humaine est sacrée, de la conception à la mort naturelle, car chaque personne est créée à l'image de Dieu. Cela signifie que des questions comme l'avortement et l'euthanasie ne peuvent être simplement réduites à des choix individuels. L'apologétique chrétienne doit proposer une défense rationnelle de la vie humaine, en expliquant pourquoi des pratiques comme l'avortement et l'euthanasie vont à l'encontre de la dignité humaine et du plan de Dieu pour l'humanité (Psaume 139:13-16).

2.9.2 La Bioéthique dans un Contexte Chrétien

En ce qui concerne les technologies émergentes comme l'édition génétique (CRISPR), l'apologétique chrétienne doit poser des questions sur les limites de l'intervention humaine dans la création. Le désir d'améliorer la condition humaine par des moyens artificiels doit être confronté à l'idée que toute modification de la création doit respecter les desseins de Dieu. Il est essentiel d'encourager une réflexion éthique et théologique sur les conséquences de ces technologies, non seulement pour l'individu, mais aussi pour l'ensemble de la société.

Les défis modernes, qu'ils soient culturels, scientifiques ou technologiques, exigent une réponse claire et cohérente de la part de l'apologétique chrétienne. Face au sécularisme, à l'athéisme, au relativisme moral, au transhumanisme, et aux autres idéologies contemporaines, le christianisme offre une vision de la vie qui est à la fois rationnelle, éthique et profondément satisfaisante sur le plan spirituel. En naviguant avec grâce et vérité à travers ces défis, les croyants peuvent non seulement défendre leur foi, mais aussi offrir une espérance authentique à un monde en quête de sens.

Chapitre 3 : L'Apologétique et les Sciences

3.1 La Convergence entre Foi et Science

L'une des idées reçues les plus répandues dans la culture moderne est que la foi et la science sont en opposition irréconciliable. Pourtant, cette dichotomie est un mythe récent. Historiquement, la foi chrétienne et la science ont souvent été en étroite collaboration. Beaucoup de grands scientifiques étaient des croyants, et ils voyaient leurs recherches scientifiques comme une manière de comprendre la création de Dieu. Des figures comme Isaac Newton, Johannes Kepler, et Blaise Pascal sont des exemples frappants de scientifiques qui étaient profondément religieux et dont les découvertes ont façonné notre compréhension du monde.

3.1.1 L'Origine de la Science Moderne

La science moderne est née en grande partie dans un contexte chrétien. Les pionniers de la méthode scientifique, tels que Galilée et Newton, étaient influencés par l'idée que l'univers, créé par un Dieu rationnel et ordonné, devait obéir à des lois universelles que les humains pouvaient découvrir. Cette vision théologique de l'univers comme étant compréhensible, prévisible et organisé a directement contribué à l'essor de la science.

Contrairement à ce que l'on pense parfois, les concepts de loi naturelle et de régularité dans la nature sont enracinés dans la doctrine chrétienne. En croyant en un Dieu créateur et ordonné, les premiers scientifiques chrétiens ont été motivés à chercher des lois dans la nature, car ils étaient convaincus qu'il y en avait. Cela contraste avec les sociétés polythéistes ou animistes, où la nature était perçue comme capricieuse et imprévisible.

3.1.2 La Compatibilité entre Foi et Méthode Scientifique

Un autre point de convergence est l'idée que la méthode scientifique et la foi chrétienne peuvent coexister sans conflit. La science repose sur l'observation, l'expérimentation et la logique pour comprendre le monde naturel. En revanche, la foi chrétienne aborde des questions plus larges sur le sens de la vie, l'origine de l'univers, et la relation de l'humanité avec Dieu.

Les chrétiens croient que Dieu est à l'origine de toute réalité, y compris la nature. Il n'y a donc aucune raison pour qu'ils considèrent la science comme un ennemi. De nombreux apologètes chrétiens défendent l'idée que la science est une merveilleuse méthode pour comprendre *comment* Dieu a créé et continue de soutenir l'univers, mais qu'elle est insuffisante pour répondre aux questions du *pourquoi*. Le sens ultime de l'existence, le but de la création, et les fondements de la moralité ne peuvent être découverts par des moyens strictement scientifiques.

3.2 Les Grandes Objections Scientifiques à la Foi

Bien que la foi et la science soient compatibles, il existe des questions qui sont souvent perçues comme des points de friction entre les deux. Parmi les objections scientifiques les plus courantes à la foi chrétienne figurent celles qui concernent l'origine de l'univers, la théorie de l'évolution, et les miracles.

3.2.1 Le Big Bang et l'Origine de l'Univers

L'une des grandes questions abordées tant par la science que par la religion est celle de l'origine de l'univers. La théorie du Big Bang, acceptée par la plupart des scientifiques, suggère que l'univers a eu un commencement il y a environ 13,8 milliards d'années. Certaines personnes pensent que cette théorie contredit la Bible, en particulier le récit de la création dans Genèse. Pourtant, beaucoup de chrétiens voient dans le Big Bang une confirmation de l'idée biblique que l'univers a eu un début.

Avant l'apparition de la théorie du Big Bang, de nombreux scientifiques pensaient que l'univers avait toujours existé, une idée connue sous le nom de modèle de l'état stationnaire. Le fait que la science moderne ait découvert que l'univers a un commencement est en réalité plus compatible avec la vision chrétienne de la création ex nihilo (création à partir de rien), qu'avec un modèle d'univers éternel. Le théologien William Lane Craig, par exemple, utilise un argument cosmologique connu sous le nom de *kalam* pour montrer que tout ce qui a un commencement a une cause, et que l'univers doit donc avoir une cause transcendantale.

3.2.2 La Théorie de l'Évolution

L'évolution biologique, popularisée par Charles Darwin au XIXe siècle, est un autre sujet de tension entre science et religion. La théorie de l'évolution affirme que les espèces vivantes ont évolué à partir d'ancêtres communs par un processus de sélection naturelle sur des millions d'années. Certains chrétiens considèrent que cette théorie entre en conflit avec la Bible, en particulier avec le récit de la création de l'homme dans Genèse.

Cependant, tous les chrétiens ne rejettent pas la théorie de l'évolution. Il existe plusieurs interprétations parmi les théologiens et les scientifiques chrétiens concernant la compatibilité de l'évolution avec la foi chrétienne. Par exemple, le théisme évolutionniste est une position qui affirme que Dieu a utilisé l'évolution comme mécanisme pour accomplir ses desseins créateurs. Les apologètes comme Francis Collins, directeur du *Human Genome Project*, soutiennent cette position, affirmant qu'il est possible de concilier l'évolution avec une croyance en un Dieu créateur. Collins insiste que la science décrit les processus naturels, tandis que la foi nous donne un cadre pour comprendre pourquoi ces processus existent.

3.2.3 Les Miracles : Conflit avec les Lois de la Nature ?

Les miracles, tels que la résurrection de Jésus ou les guérisons miraculeuses, sont souvent rejetés par les sceptiques, car ils semblent contredire les lois de la nature. Selon une vision scientifique stricte, tout événement qui viole les lois de la nature est impossible.

Cependant, les chrétiens soutiennent que Dieu, en tant que créateur des lois naturelles, n'est pas soumis à ces lois. Les miracles ne sont pas des violations arbitraires des lois de la nature, mais des interventions de Dieu dans le monde, qui montrent sa souveraineté sur la création. Les lois de la nature décrivent ce que nous observons habituellement, mais elles ne peuvent pas exclure la possibilité que Dieu agisse d'une manière extraordinaire pour accomplir ses desseins.

Pour répondre à cette objection, les apologètes soulignent que les preuves historiques des miracles (comme la résurrection de Jésus) sont crédibles et doivent être examinées avec soin. L'apologiste chrétien Gary Habermas, par exemple, a compilé des données historiques et archéologiques qui soutiennent la plausibilité de la résurrection de Jésus, en montrant que l'événement a été attesté par des témoins et qu'il a transformé les disciples qui étaient auparavant découragés.

3.3 Arguments Apologétiques Fondés sur la Science

Alors que certaines personnes voient la science comme un obstacle à la foi, de nombreux apologètes chrétiens utilisent des découvertes scientifiques pour défendre l'existence de Dieu. Voici quelques arguments apologétiques majeurs fondés sur la science.

3.3.1 L'Argument Cosmologique

L'argument cosmologique, en particulier sous sa forme kalam, repose sur la notion que tout ce qui commence à exister a une cause. Puisque l'univers a commencé à exister, il doit avoir une cause. Cette cause doit être hors du temps et de l'espace, et posséder un pouvoir immense – des attributs que les chrétiens attribuent à Dieu. Cet argument est souvent renforcé par la théorie du Big Bang, qui soutient que l'univers a eu un commencement, ce qui est en accord avec la vision biblique de la création.

3.3.2 L'Argument Téléologique (Design Intelligent)

L'argument téléologique soutient que l'ordre et la complexité de l'univers pointent vers un dessein intelligent. Les lois physiques qui régissent l'univers, telles que la constante gravitationnelle ou la vitesse de la lumière, sont réglées avec une précision telle que même de petits changements rendraient la vie impossible. Cette "fine-tuning" (ajustement fin) est utilisée pour montrer que l'univers semble avoir été conçu pour permettre la vie.

L'astronome Fred Hoyle, bien qu'athée, a déclaré que l'ajustement précis de ces lois ressemble à la signature d'un créateur. L'argument du dessein soutient que la meilleure explication pour cet ajustement est l'existence d'un Dieu créateur qui a intentionnellement conçu l'univers pour qu'il soit habitable.

3.3.3 L'Argument Morale

Bien que cet argument touche plus à l'éthique qu'à la science physique, il mérite d'être mentionné dans le contexte des sciences humaines et sociales. L'argument moral pose que si des lois morales objectives existent (par exemple, il est objectivement mauvais de torturer un enfant), alors il doit y avoir une source morale transcendante, à savoir Dieu. Cet argument est renforcé par la psychologie et l'anthropologie, qui montrent que malgré la diversité des cultures, il existe des principes moraux universels qui pointent vers une source commune de moralité.

3.4 Les Limites Méthodologiques de la Science

Il est important de reconnaître que bien que la science soit un outil puissant pour comprendre le monde naturel, elle a des limites méthodologiques. La science se concentre sur l'observation du monde matériel et sur l'explication des phénomènes par des causes naturelles. Par conséquent, elle est inapte à répondre à des questions qui dépassent le cadre du monde physique.

3.4.1 Science et Méta-science : Les Questions de "Pourquoi"

La science est compétente pour répondre aux questions du *comment* – comment fonctionne l'univers, comment les espèces évoluent, comment les systèmes biologiques interagissent. Cependant, elle ne peut pas, par nature, répondre aux questions du *pourquoi*. Pourquoi l'univers existe-t-il ? Pourquoi existe-t-il des lois naturelles ? Pourquoi y a-t-il quelque chose plutôt que rien ?

Ces questions relèvent du domaine de la métaphysique et de la théologie, des domaines qui dépassent les explications scientifiques limitées aux causes matérielles. L'apologétique chrétienne doit donc clarifier que la science, bien qu'extrêmement utile, ne peut pas fournir des réponses à toutes les questions fondamentales de l'existence humaine. Des sujets comme le sens ultime de la vie, la moralité et la finalité de l'univers échappent à la portée des méthodes scientifiques.

3.4.2 La Foi comme Complément, Pas Concurrent

L'apologétique chrétienne doit insister sur le fait que la foi n'est pas en concurrence avec la science, mais qu'elle la complète. La science traite des mécanismes du monde physique, tandis que la foi chrétienne traite des causes premières et des vérités spirituelles qui sous-tendent l'existence. Ainsi, les croyants peuvent légitimement embrasser les découvertes scientifiques tout en maintenant leur foi en Dieu comme cause ultime de l'univers.

3.5 L'Émergence de la Bioéthique : Un Défi pour la Foi et la Science

Le domaine de la bioéthique est devenu un terrain de débat majeur, car les avancées scientifiques dans les domaines de la génétique, des biotechnologies, et de la médecine soulèvent des questions morales complexes. Ces questions incluent la manipulation génétique, la recherche sur les cellules souches, le clonage, et les technologies liées à l'extension de la vie. Chacun de ces domaines pose des défis tant aux scientifiques qu'aux croyants, et nécessite une réflexion éthique rigoureuse.

3.5.1 L'Éthique Chrétienne face aux Manipulations Génétiques

La possibilité de manipuler les gènes humains pour éliminer certaines maladies ou pour "améliorer" certaines caractéristiques humaines soulève d'importantes questions morales. Pour l'apologète chrétien, la génétique, bien qu'utilisée à des fins médicales, ne doit pas violer l'intégrité de la création de Dieu ni essayer de "réécrire" ce que Dieu a conçu.

L'Église doit se prononcer sur ces questions en rappelant que l'humanité n'est pas simplement le produit de processus biologiques, mais une créature faite à l'image de Dieu (Genèse 1:27). Par conséquent, toute tentative d'intervention radicale sur la nature humaine doit respecter les limites imposées par la dignité humaine et les desseins divins. L'apologétique doit souligner la différence entre les soins médicaux légitimes et l'ingénierie génétique qui pourrait tenter de dépasser les plans de Dieu pour l'humanité.

3.5.2 Les Débats sur l'Avortement et l'Euthanasie

Les avancées scientifiques ont permis un contrôle plus précis sur la vie humaine, notamment au début et à la fin de la vie. L'avortement et l'euthanasie, facilités par des technologies médicales modernes, sont devenus des questions centrales dans les débats bioéthiques.

L'apologétique chrétienne doit être prête à répondre aux arguments selon lesquels ces pratiques sont des expressions légitimes d'autonomie personnelle. Selon la vision chrétienne, la vie humaine est sacrée de la conception à la mort naturelle, car elle reflète l'image de Dieu (Psaume 139:13-16). La technologie moderne, tout en facilitant ces pratiques, ne doit pas être utilisée pour légitimer des actions contraires aux principes moraux fondamentaux.

3.6 Figures Modernes de la Science et de la Foi

L'un des mythes que l'apologétique chrétienne doit continuellement déconstruire est celui selon lequel la foi est incompatible avec la poursuite scientifique. De nombreux scientifiques modernes de renom combinent une foi chrétienne forte avec une carrière scientifique exceptionnelle. Cela montre qu'il n'est pas nécessaire de choisir entre la science et la foi, mais que les deux peuvent s'enrichir mutuellement.

3.6.1 Francis Collins : Science, Génome Humain, et Foi

Francis Collins, un généticien renommé et directeur du *Human Genome Project*, est un exemple frappant de la manière dont la foi chrétienne peut coexister avec une carrière scientifique de pointe. Collins, qui a joué un rôle central dans la cartographie du génome humain, a écrit sur sa conversion au christianisme à l'âge adulte après avoir réfléchi à la complexité et à la beauté de la création.

Dans son ouvrage *The Language of God*, Collins explique comment la découverte scientifique ne contredit pas la foi chrétienne, mais révèle plutôt la majesté du Créateur. Son travail montre qu'il est possible d'accepter la théorie de l'évolution tout en affirmant que Dieu est le Créateur de toutes choses. Collins défend le *théisme évolutionniste*, où l'évolution est vue comme le mécanisme que Dieu a utilisé pour accomplir ses desseins.

3.6.2 John Lennox : Mathématiques, Philosophie et Christianisme

John Lennox, professeur de mathématiques à l'Université d'Oxford, est un autre apologète chrétien renommé qui a débattu de manière publique avec des figures athées comme Richard Dawkins et Christopher Hitchens. Dans ses écrits et débats, Lennox défend vigoureusement l'idée que la foi en Dieu est rationnelle et compatible avec la science.

Lennox utilise ses compétences en mathématiques et en logique pour démontrer que l'univers porte les marques d'une intelligence créatrice. En réfutant les arguments de Dawkins, qui affirme que la science a rendu Dieu inutile, Lennox montre que la complexité et l'ordre de l'univers nécessitent une explication transcendantale. Pour lui, la science elle-même pointe vers un Créateur, plutôt que de l'exclure.

3.7 Le Principe Anthropique : Une Preuve Indirecte de Dieu ?

Le principe anthropique est une idée en cosmologie qui soutient que l'univers semble avoir été réglé avec une précision extrême pour permettre l'existence de la vie humaine. De nombreux scientifiques ont remarqué que si certaines constantes universelles (comme la constante de gravitation ou la charge de l'électron) avaient été légèrement différentes, la vie telle que nous la connaissons aurait été impossible.

3.7.1 L'Univers Précisément Réglé pour la Vie

L'apologétique chrétienne utilise souvent le principe anthropique comme un argument en faveur d'un dessein intelligent derrière l'univers. Si l'univers est effectivement réglé de manière si précise pour permettre la vie, il est raisonnable de conclure qu'il a été conçu par une intelligence supérieure. Cet argument du "réglage fin" est parfois présenté comme une forme moderne de l'argument téléologique.

3.7.2 Réponses aux Objections : Le Multivers

Les sceptiques de cet argument font souvent appel à la théorie du multivers pour expliquer l'ajustement fin. Selon cette théorie, il existerait un nombre infini d'univers parallèles, chacun ayant des constantes physiques différentes. Nous nous trouverions simplement dans l'un de ces univers qui est compatible avec la vie.

Cependant, cette théorie du multivers, bien qu'intéressante, n'a pas de preuves empiriques solides à ce jour et soulève plus de questions qu'elle n'en résout. L'apologète chrétien peut faire valoir que la multiplication des univers hypothétiques ne fait que déplacer le problème sans l'expliquer. Même dans le cadre d'un multivers, la question ultime reste celle de l'origine de ces univers. Dieu peut toujours être la meilleure explication pour l'origine de tout ce qui existe.

Le dialogue entre science et foi ne doit pas être perçu comme un combat entre deux visions du monde, mais comme une collaboration pour comprendre la vérité dans sa totalité. La science et la foi traitent de questions différentes, mais complémentaires. La science explore le monde naturel, tandis que la foi répond aux questions du sens ultime, des causes premières et des réalités spirituelles.

L'apologétique chrétienne peut tirer parti des découvertes scientifiques pour renforcer la conviction que l'univers a été conçu par un Créateur tout-puissant. Les avancées dans les domaines de la cosmologie, de la génétique et de la physique ne contredisent pas

Chapitre 4 : L'Apologétique et la Philosophie

4.1 Les Grandes Questions Philosophiques

La philosophie, tout comme l'apologétique, cherche à répondre aux grandes questions existentielles de l'humanité : *Pourquoi sommes-nous ici ? Qu'est-ce que la vérité ? Qu'est-ce que le bien et le mal ?* Ces questions sont au cœur des débats entre la foi chrétienne et les courants de pensée modernes. La philosophie est un outil essentiel pour l'apologète, car elle permet d'analyser et de répondre aux objections intellectuelles à la foi chrétienne, tout en fournissant des bases solides pour affirmer la vérité de l'Évangile.

4.1.1 L'Origine de l'Univers

Une question fondamentale en philosophie est celle de l'origine de l'univers. Les philosophes ont longtemps débattu sur la question de savoir si l'univers a un commencement ou s'il est éternel. L'apologétique chrétienne, dans la lignée de la tradition philosophique, affirme que l'univers a eu un commencement, comme l'enseigne la Bible dans Genèse 1:1 : *"Au commencement, Dieu créa les cieux et la terre."*

Le philosophe Thomas d'Aquin, dans ses célèbres *cinq voies* pour prouver l'existence de Dieu, développe un argument cosmologique basé sur la cause première. Il affirme qu'il doit y avoir un être nécessaire et non causé (Dieu) qui a donné naissance à tout ce qui existe. Cette argumentation trouve un écho dans le débat moderne avec l'argument du *kalam*, utilisé par des philosophes contemporains comme William Lane Craig. Le *kalam* soutient que tout ce qui commence à exister a une cause, et que puisque l'univers a commencé à exister, il doit avoir une cause transcendantale.

4.1.2 La Question du Sens de la Vie

Une autre question philosophique cruciale est celle du sens de la vie. Pour de nombreux penseurs athées ou agnostiques, l'idée que la vie n'a pas de sens objectif en dehors de ce que l'individu lui donne est devenue prédominante. Ce nihilisme philosophique, popularisé par des figures comme Friedrich Nietzsche, rejette l'idée d'un sens ultime de la vie basé sur une réalité transcendante.

L'apologétique chrétienne répond à cette vision en affirmant que la vie humaine a un sens objectif, trouvé dans la relation avec Dieu. Selon la Bible, l'homme a été créé pour glorifier Dieu et pour jouir d'une relation avec Lui. L'Ecclésiaste 12:13 dit : *"Crains Dieu et garde ses commandements, car c'est là le devoir de tout homme."* Cette perspective donne un sens profond à la vie humaine, qui ne peut être pleinement réalisée que dans la reconnaissance et l'adoration de son Créateur.

Les apologètes chrétiens montrent également que le nihilisme conduit à une vision déshumanisante de l'existence. Si la vie n'a pas de sens, pourquoi alors aspirer à des choses telles que la justice, la vérité, ou l'amour ? En contraste, le christianisme propose un sens riche et satisfaisant à la vie, basé sur la vérité que l'humanité a été créée à l'image de Dieu (Genèse 1:27) et appelée à un destin éternel.

4.2 Le Problème du Mal

L'un des plus grands défis philosophiques pour les apologètes chrétiens est le problème du mal. L'objection est simple : si Dieu est tout-puissant et parfaitement bon, comment peut-il permettre le mal et la souffrance dans le monde ? Cette question a été posée depuis l'Antiquité, par des penseurs comme Épicure, et elle continue de faire débat.

L'une des objections les plus courantes contre l'existence de Dieu est le **problème du mal**. Des philosophes comme **David Hume** ont argumenté que l'existence du mal est incompatible avec l'idée d'un Dieu tout-puissant et parfaitement bon. Cette question a été posée depuis l'Antiquité, par des penseurs comme Épicure, et elle continue de faire débat.

Ils posent la question : *"Si Dieu est tout-puissant, il pourrait éliminer le mal, et s'il est parfaitement bon, il le voudrait. Alors pourquoi le mal existe-t-il ?"*

Pour répondre à cela, des apologètes comme **Alvin Plantinga** ont développé ce qu'on appelle la **Défense du libre arbitre**. Plantinga soutient que Dieu a créé des êtres humains avec un libre arbitre, car c'est un bien supérieur. Cependant, cela signifie que ces créatures ont la capacité de choisir le mal. L'existence du mal n'est donc pas une contradiction à la bonté ou à la toute-puissance de Dieu, mais le résultat de la liberté accordée aux êtres humains. En fait, l'existence du libre arbitre permet une plus grande expression de l'amour et de la bonté, car sans choix véritable, l'amour ne pourrait pas exister.

4.2.1 L'Existence du Mal Moral

Le mal moral se réfère aux actes mauvais commis par les êtres humains : la violence, l'injustice, la haine, etc. Les apologètes chrétiens expliquent que le mal moral est le résultat du libre arbitre que Dieu a donné à l'humanité. Le libre arbitre permet aux humains de choisir d'aimer ou de rejeter Dieu. Si Dieu supprimait le libre arbitre pour empêcher le mal, cela détruirait également la possibilité d'un amour véritable et volontaire.

Le philosophe Alvin Plantinga a développé une défense du libre arbitre pour répondre au problème du mal. Il soutient que Dieu pourrait permettre le mal moral parce que le libre arbitre est un bien supérieur, et que sans lui, l'amour, la bonté et la moralité seraient dénués de sens. En d'autres termes, Dieu a jugé préférable de créer des êtres capables de faire de véritables choix, même si cela signifie la possibilité du mal moral.

4.2.2 Le Mal Naturel

En plus du mal moral, il existe ce que les philosophes appellent le mal naturel, qui se manifeste dans les catastrophes naturelles, les maladies, et la souffrance qui ne résulte pas directement de l'action humaine. Pourquoi Dieu permettrait-il ces formes de mal ?

L'apologétique chrétienne propose plusieurs réponses. Certains soutiennent que ces formes de mal sont la conséquence de la chute de l'homme (Genèse 3), qui a corrompu la création entière. D'autres, comme le théologien John Hick, suggèrent que les épreuves et les souffrances peuvent avoir une fonction pédagogique, permettant aux êtres humains de grandir spirituellement et moralement. Elles nous forcent à affronter nos propres limites et à nous tourner vers Dieu.

L'apologète C.S. Lewis, dans son livre *Le problème de la souffrance*, soutient que la souffrance peut être l'instrument que Dieu utilise pour attirer les hommes vers Lui. Il écrit : *"Dieu murmure dans nos plaisirs, parle à notre conscience, mais crie dans nos douleurs. C'est son mégaphone pour réveiller un monde sourd."* En fin de compte, la souffrance et le mal, bien qu'ils restent mystérieux, ne constituent pas une preuve contre l'existence de Dieu, mais plutôt une invitation à chercher des réponses plus profondes dans la foi.

4.3 Les Apports des Philosophes Chrétiens

4.3.1 Saint Augustin et le Mal comme Privation

Saint Augustin, l'un des plus grands philosophes chrétiens, a apporté une contribution fondamentale à la théologie et à la philosophie chrétiennes en soutenant que le mal n'a pas de substance propre. Pour Augustin, le mal est une privation du bien, une corruption de ce qui est bon, et non une réalité positive en soi. Dieu n'a donc pas créé le mal ; le mal est le résultat de la déviation de la volonté humaine et de la corruption de la création.

Cette vision du mal comme privation aide à expliquer comment un Dieu bon peut permettre le mal sans en être l'auteur. Elle montre également que le mal ne peut pas triompher, car il n'existe pas en lui-même ; il est parasitaire du bien. Cette vision a une grande influence dans l'apologétique chrétienne, car elle défend la bonté de Dieu tout en reconnaissant la réalité du mal.

4.3.2 Thomas d'Aquin et la Révélation Naturelle

Thomas d'Aquin, un autre pilier de la philosophie chrétienne, a soutenu que la raison humaine pouvait conduire à certaines vérités sur Dieu, même sans la révélation spéciale de la Bible. Il a développé l'idée de la *révélation naturelle*, selon laquelle l'existence de Dieu et certaines de ses propriétés peuvent être découvertes par l'observation de la nature et l'usage de la raison.

Dans ses *cinq voies*, Thomas propose des arguments pour l'existence de Dieu qui se basent sur l'observation du monde naturel, tels que le mouvement, la causalité, et la contingence. Ces arguments sont encore utilisés aujourd'hui dans l'apologétique chrétienne pour montrer que croire en Dieu n'est pas seulement une question de foi aveugle, mais qu'il existe aussi des preuves rationnelles pour l'existence de Dieu.

4.4 Les Débats Philosophiques Contemporains

Le dialogue entre la foi chrétienne et la philosophie ne s'est pas arrêté au Moyen Âge. Aujourd'hui encore, des philosophes chrétiens continuent de répondre aux objections de leurs contemporains et de défendre la rationalité de la foi chrétienne.

Des philosophes contemporains comme **Bertrand Russell** ont également critiqué la foi chrétienne, en argumentant dans son essai *Why I Am Not a Christian* que les preuves de l'existence de Dieu sont insuffisantes. Russell rejette notamment les arguments cosmologiques et téléologiques, en affirmant que la science moderne fournit des explications alternatives à l'origine de l'univers.

Pour répondre à ces objections, des apologètes comme **William Lane Craig** utilisent l'argument cosmologique du kalam, qui soutient que tout ce qui a un commencement a une cause, et que l'univers ayant un commencement, il doit avoir une cause. Craig explique que la science moderne, loin de contredire la foi, soutient l'idée d'un univers ayant un commencement (Big Bang) et que ce point est en harmonie avec l'enseignement biblique de la création ex nihilo.

4.4.1 La Philosophie Analytique et Dieu

La philosophie analytique, qui se concentre sur la clarté et la rigueur logique, a connu une résurgence d'intérêt pour les arguments en faveur de l'existence de Dieu. Des philosophes comme Alvin Plantinga et William Lane Craig ont utilisé les outils de la logique et de la science moderne pour montrer que la croyance en Dieu est intellectuellement défendable.

Par exemple, Plantinga a développé l'argument ontologique, qui soutient que l'idée même de Dieu comme être nécessaire implique son existence réelle. Il a également contribué à la théorie de la *warranted belief*, qui défend l'idée que la foi en Dieu peut être rationnelle même sans preuves directes, car elle est fondée sur une expérience interne du divin.

4.4.2 Les Défis du Naturalisme

Le naturalisme, qui affirme que la nature est tout ce qui existe et que tout peut être expliqué par des causes naturelles, est l'un des défis philosophiques majeurs pour la foi chrétienne. Les apologètes chrétiens répondent au naturalisme en montrant que cette vision du monde est insuffisante pour expliquer des réalités comme la conscience, la moralité, et l'existence même de l'univers.

Alvin Plantinga a critiqué le naturalisme en développant l'argument selon lequel, si l'évolution et le naturalisme sont vrais, il est peu probable que nos facultés cognitives soient fiables. Selon lui, le fait que nous ayons la capacité de raisonner correctement et d'accéder à la vérité pointe plutôt vers une création intentionnelle par un être rationnel.

4.5 Le Libre Arbitre et le Déterminisme

L'une des questions philosophiques les plus débattues est celle du libre arbitre et du déterminisme. Cette question est essentielle non seulement pour la philosophie en général, mais aussi pour l'apologétique chrétienne, car elle touche à des thèmes fondamentaux comme la responsabilité morale, la justice divine, et la capacité des êtres humains à choisir entre le bien et le mal.

4.5.1 Le Déterminisme Matérialiste

Le déterminisme matérialiste est l'idée que toutes nos actions, pensées et décisions sont déterminées par des lois physiques et biologiques, sans place pour un véritable libre arbitre. Les défenseurs du déterminisme soutiennent que l'homme n'est qu'un produit des processus physiques et chimiques de son cerveau, et que toute illusion de choix est simplement le résultat de processus naturels prédéterminés.

L'apologétique chrétienne répond à cette vision réductionniste de l'humanité en affirmant la réalité du libre arbitre. En effet, si l'homme est créé à l'image de Dieu, il possède non seulement une conscience morale, mais aussi la capacité de choisir de suivre ou de rejeter Dieu. Une vision purement déterministe de la nature humaine nie la dignité intrinsèque de l'homme et réduit la moralité à des processus chimiques. Le libre arbitre est un don divin qui rend possible l'amour authentique et la responsabilité morale.

4.5.2 La Vision Chrétienne du Libre Arbitre

La défense du libre arbitre dans l'apologétique chrétienne est souvent liée à la question du mal. Si Dieu a donné à l'homme la liberté de choisir, c'est parce que cette liberté est nécessaire pour que l'amour et la moralité aient un sens. Sans liberté, il n'y a pas de responsabilité morale. L'apologète doit montrer que, même si cette liberté entraîne la possibilité du mal, elle est un bien supérieur, car elle permet à l'humanité de choisir librement d'aimer Dieu et de vivre selon Ses commandements.

C'est également dans ce contexte que le problème du mal moral, abordé précédemment, trouve sa pleine explication. Dieu n'est pas l'auteur du mal, mais il permet le mal moral en raison de la liberté accordée à l'humanité, liberté sans laquelle l'amour véritable serait impossible.

4.6 L'Argument Moral : Un Fondement Transcendant de la Morale

Un autre point philosophique clé dans l'apologétique chrétienne est l'argument moral. Cet argument pose la question suivante : si des valeurs morales objectives existent, quelle est leur origine ? L'apologétique chrétienne soutient que les valeurs morales objectives – comme la justice, la bonté, ou le mal – nécessitent un fondement transcendant, qui est Dieu.

4.6.1 La Morale Objective

De nombreuses cultures et philosophies admettent l'existence de certaines valeurs morales communes, comme l'interdiction du meurtre ou la promotion de l'altruisme. L'argument moral soutient que ces valeurs universelles pointent vers une source extérieure à l'humanité, car si elles étaient simplement des constructions sociales, elles varieraient largement d'une culture à l'autre. L'apologète chrétien peut montrer que la cohérence des principes moraux à travers l'histoire et les civilisations témoigne de l'existence d'une loi morale inscrite dans le cœur humain (Romains 2:14-15).

4.6.2 Critique du Subjectivisme Moral

L'argument moral réfute également le subjectivisme moral, qui soutient que chaque individu ou société peut déterminer sa propre morale. Si tout est relatif, comment peut-on condamner objectivement des actes comme le génocide, la torture ou l'esclavage ? L'apologétique chrétienne montre que, sans un standard moral absolu et transcendant (Dieu), il n'y a aucun fondement solide pour condamner des actions mauvaises, ni pour promouvoir la justice de manière universelle. Le subjectivisme moral mène à l'anarchie éthique et à une incohérence pratique.

4.6.3 Le Témoignage de la Loi Naturelle

Le concept de loi naturelle, développé par des philosophes chrétiens comme Thomas d'Aquin, affirme que les principes moraux sont intégrés dans la création elle-même, de sorte que toute personne, croyante ou non, peut en avoir une certaine compréhension à travers la raison. Cela permet d'établir un dialogue avec des philosophes non chrétiens et de défendre la cohérence du système moral chrétien. L'apologétique chrétienne utilise ainsi l'argument moral pour démontrer que la meilleure explication de l'existence de valeurs morales objectives est l'existence d'un Dieu bon et juste.

4.7 La Question de l'Existence de Dieu : Les Preuves Contemporaines

Dans le débat philosophique moderne, la question de l'existence de Dieu reste centrale. Les apologètes contemporains continuent de présenter des arguments en faveur de l'existence de Dieu, tout en répondant aux critiques athées et agnostiques.

4.7.1 L'Argument Ontologique

L'argument ontologique, initialement formulé par Anselme de Cantorbéry au XIe siècle et repris par Alvin Plantinga, est un des plus fascinants dans la philosophie religieuse. Cet argument soutient que l'idée même de Dieu, comme l'Être parfait, implique nécessairement son existence. Si Dieu est, par définition, un être dont on ne peut concevoir de plus grand, il doit exister dans la réalité, car un Dieu qui n'existe que dans l'esprit serait inférieur à un Dieu qui existe dans la réalité.

Bien que cet argument ait suscité des débats, il reste un exemple de la manière dont la réflexion purement philosophique peut conduire à la défense de l'existence de Dieu. L'apologétique chrétienne utilise cet argument pour montrer que l'existence de Dieu est non seulement possible, mais nécessaire à une bonne compréhension de la réalité.

4.7.2 L'Argument Cosmologique (Kalam)

Le célèbre argument cosmologique du *kalam*, déjà évoqué plus tôt, soutient que tout ce qui commence à exister a une cause. Puisque l'univers a commencé à exister, il doit avoir une cause extérieure à lui-même, que les chrétiens identifient comme Dieu. Cet argument a gagné en popularité dans les débats philosophiques modernes, notamment grâce à la cosmologie contemporaine qui confirme que l'univers a eu un début (le Big Bang).

L'argument cosmologique aide à répondre aux objections naturalistes en montrant que la meilleure explication pour l'existence de l'univers, de la matière, et des lois qui les gouvernent, est une cause transcendante qui existe en dehors du temps et de l'espace.

4.8 Les Défis de l'Existentialisme et de l'Athéisme Humaniste

L'existentialisme, popularisé par des philosophes comme Jean-Paul Sartre et Albert Camus, pose un défi particulier à l'apologétique chrétienne. Cet existentialisme repose sur l'idée que la vie n'a pas de sens objectif et que l'individu doit créer son propre sens à travers ses choix.

4.8.1 L'Existentialisme : Une Réponse à l'Absence de Dieu ?

Pour Sartre, l'absence de Dieu signifie que l'homme est "condamné à être libre" – une liberté absolue qui implique aussi une grande responsabilité. Camus, quant à lui, affirme que la vie est "absurde" et que l'homme doit accepter cette absurdité sans chercher à lui donner un sens transcendant.

L'apologétique chrétienne répond à cet existentialisme en montrant que, bien que les questions existentielles soulevées par Sartre et Camus soient valides, la foi chrétienne offre une réponse plus satisfaisante à la quête de sens. Au lieu de se résigner à l'absurdité de la vie, le christianisme propose un sens objectif et un espoir fondé sur la relation avec un Dieu personnel. Les choix humains, bien qu'importants, sont faits dans le cadre d'un dessein divin plus grand qui donne un but ultime à la vie humaine.

4.8.2 L'Athéisme Humaniste et la Morale Séculière

L'athéisme humaniste, souvent associé à l'existentialisme, cherche à promouvoir les valeurs humaines (comme la dignité et les droits de l'homme) sans référence à Dieu. Bien que cette approche semble noble, l'apologétique chrétienne montre qu'elle est incohérente sans un fondement transcendant pour ces valeurs. Si Dieu n'existe pas, alors les valeurs humaines ne sont que des constructions sociales ou des accidents de l'évolution.

L'apologète chrétien peut montrer que la morale séculière finit par s'effondrer sous le poids de son propre relativisme, car elle ne peut fournir aucune raison solide pour pourquoi certains principes moraux (comme la justice ou la compassion) devraient être universellement respectés. En revanche, le christianisme offre une base solide pour l'éthique humaine, fondée sur la nature de Dieu lui-même.

La philosophie et l'apologétique sont des outils complémentaires dans la défense de la foi chrétienne. En répondant aux grandes questions de l'existence, telles que l'origine de l'univers, le sens de la vie, et le problème du mal, l'apologétique chrétienne montre que la foi est intellectuellement et moralement solide. Les contributions des philosophes chrétiens, anciens et contemporains, continuent d'être pertinentes dans le monde moderne, en répondant aux objections des sceptiques et en offrant des réponses cohérentes aux questions profondes de l'humanité.

Chapitre 5 : L'Apologétique face aux Autres Religions

L'apologétique chrétienne ne se limite pas à répondre aux défis posés par l'athéisme ou le sécularisme. Elle doit aussi s'engager dans un dialogue sérieux et respectueux avec les autres grandes traditions religieuses du monde. Alors que la mondialisation continue de rapprocher les cultures et les croyances, les chrétiens doivent être préparés à défendre leur foi non seulement face à l'agnosticisme ou au relativisme, mais aussi en face d'autres systèmes religieux, tels que l'Islam, l'hindouisme, le bouddhisme et les croyances africaines traditionnelles. Le but de l'apologétique dans ce contexte n'est pas d'attaquer ou de mépriser ces croyances, mais de montrer la singularité et la véracité de la foi chrétienne tout en dialoguant avec respect.

5.1 Le Christianisme et l'Islam : Points de Convergence et Divergences

L'Islam est l'une des grandes religions monothéistes qui partagent certaines racines communes avec le christianisme et le judaïsme. Le Coran et la Bible se rejoignent en plusieurs points, notamment dans leur reconnaissance d'un Dieu unique et transcendant, ainsi que dans certaines figures prophétiques communes, comme Abraham, Moïse et Jésus. Cependant, des divergences majeures existent, notamment concernant la nature de Dieu, la personne de Jésus-Christ, et la manière d'obtenir le salut.

Par exemple, dans l'Islam, Jésus est vu comme un prophète (Issa), mais non comme le Fils de Dieu. **Sourate 4:171** dit explicitement que Jésus n'est qu'un messager de Dieu, rejetant sa crucifixion et sa résurrection.

Pour répondre à cela, l'apologétique chrétienne peut se baser sur les preuves historiques de la résurrection. Des historiens, y compris ceux non chrétiens, reconnaissent que la crucifixion de Jésus est un fait historique largement accepté. L'apologète chrétien peut aussi souligner que l'Évangile repose sur des témoignages oculaires, comme les apôtres, qui ont attesté la résurrection, un événement qui a transformé des disciples découragés en proclamateurs courageux de l'Évangile, malgré les persécutions.

5.1.1 La Nature de Dieu : Monothéisme Trinitaire et Tawhid

L'une des différences fondamentales entre le christianisme et l'Islam réside dans leur conception de la nature de Dieu. L'Islam prône un monothéisme strict appelé *tawhid*, qui insiste sur l'unité absolue de Dieu. Le christianisme, quant à lui, enseigne que Dieu est un en trois personnes – le Père, le Fils et le Saint-Esprit, une doctrine que l'Islam rejette catégoriquement comme une forme de polythéisme.

Les apologètes chrétiens doivent donc être prêts à expliquer la Trinité de manière compréhensible et bibliquement fondée. La Trinité n'est pas une contradiction logique, mais une révélation de la nature profonde de Dieu. Selon la théologie chrétienne, Dieu est un être relationnel, éternellement en communion dans la Trinité. Jésus a enseigné que cette vérité était voilée à l'intelligence humaine naturelle, mais révélée par l'Esprit à ceux qui cherchent Dieu (Matthieu 11:27).

Dans l'apologétique chrétienne, il est essentiel de montrer que la doctrine trinitaire trouve ses racines dans les Écritures. La Bible révèle la nature trinitaire de Dieu dès la création : "Faisons l'homme à notre image" (Genèse 1:26), et dans les instructions de Jésus à ses disciples : "Baptisez-les au nom du Père, du Fils et du Saint-Esprit" (Matthieu 28:19). Il est important de démontrer que la Trinité n'est pas une contradiction mais une révélation mystérieuse de l'unité divine dans la diversité des personnes.

5.1.2 Jésus dans le Christianisme et l'Islam

Un autre point de divergence majeur est la personne de Jésus-Christ. Le Coran reconnaît Jésus (Issa en arabe) comme un prophète de Dieu, né d'une vierge et accomplissant des miracles, mais nie sa divinité et sa crucifixion (Sourate 4:157). Pour les chrétiens, en revanche, Jésus est le Fils de Dieu, la seconde personne de la Trinité, et sa mort et résurrection sont au cœur de la foi chrétienne (1 Corinthiens 15:3-4).

L'apologétique chrétienne doit défendre la divinité de Jésus à partir des Écritures et des témoignages historiques. Les Évangiles affirment clairement la divinité de Jésus : "Au commencement était la Parole, et la Parole était avec Dieu, et la Parole était Dieu" (Jean 1:1). En outre, la résurrection est un événement historique bien documenté, attesté par des témoins oculaires, et dont l'impact a changé le monde.

La défense chrétienne doit aussi se concentrer sur la crucifixion. L'apostasie islamique rejette ce point, mais les récits historiques et les premières sources chrétiennes, même des sources romaines et juives, confirment que Jésus a bien été crucifié sous Ponce Pilate. Les apologètes doivent insister sur l'importance théologique de la crucifixion, car c'est à travers la mort expiatoire de Jésus que les péchés de l'humanité sont pardonnés, conformément aux prophéties de l'Ancien Testament (Ésaïe 53:5).

5.1.3 Le Salut : Œuvres ou Grâce ?

Dans l'Islam, le salut dépend largement des bonnes œuvres et de l'obéissance à la loi islamique (la *sharia*). Le Coran enseigne que chaque croyant doit suivre les cinq piliers de l'Islam, et qu'au jour du jugement, les bonnes et mauvaises actions seront pesées. Cela contraste fortement avec l'enseignement chrétien, selon lequel le salut est un don gratuit de Dieu, offert par la grâce à travers la foi en Jésus-

Christ (Éphésiens 2:8-9). L'apologétique chrétienne doit montrer que la grâce divine est une des particularités fondamentales du christianisme, et qu'elle offre une certitude et une paix que les efforts humains ne peuvent garantir.

Le christianisme enseigne que les œuvres ne sont pas un moyen de gagner le salut, mais une réponse naturelle à l'amour de Dieu. En contraste, l'Islam, avec son accent sur les œuvres, n'offre aucune assurance définitive de salut, même pour les croyants les plus pieux, car le sort final de chaque individu est entièrement entre les mains d'Allah, qui peut pardonner ou punir à sa discrétion.

5.2 Le Christianisme et l'Hindouisme : Confrontation des Cosmologies

L'hindouisme, l'une des religions les plus anciennes du monde, est profondément enraciné dans une cosmologie différente de celle du christianisme. Alors que le christianisme enseigne que Dieu a créé l'univers et que le temps et l'espace sont linéaires, l'hindouisme présente une conception cyclique du temps et de la réincarnation, avec un univers éternel qui passe par des cycles de création et de destruction. L'hindouisme croit aussi en une pluralité de divinités, bien que beaucoup d'hindous reconnaissent un être suprême.

L'hindouisme enseigne que les actions dans cette vie déterminent la prochaine, ce qui entraîne une série interminable de renaissances jusqu'à ce que l'âme atteigne la libération (moksha). En réponse, l'apologétique chrétienne soutient que la rédemption offerte par Christ met fin à ce cycle, en apportant le salut une fois pour toutes.

5.2.1 Le Dieu Unique contre la Pluralité des Dieux

L'un des défis majeurs de l'apologétique chrétienne face à l'hindouisme est d'expliquer pourquoi le monothéisme chrétien est supérieur à la conception hindoue d'une multitude de dieux. Le christianisme soutient que Dieu est unique, personnel, et qu'il n'y a pas d'autre dieu à côté de Lui (Deutéronome 6:4). Le Dieu de la Bible n'est pas soumis aux lois du cosmos, mais les crée et les soutient par sa Parole (Psaume 33:6).

L'hindouisme, avec sa multitude de dieux et ses avatars, reflète une vision fragmentée et impersonnelle de la divinité. En contraste, la Bible enseigne que Dieu désire une relation personnelle avec chaque être humain. Cette relation ne repose pas sur des rituels impersonnels, mais sur un amour personnel et une alliance (Romains 8:15).

5.2.2 La Réincarnation et la Résurrection

Une autre grande différence réside dans la conception de la vie après la mort. L'hindouisme enseigne la réincarnation, c'est-à-dire que l'âme se réincarne plusieurs fois jusqu'à atteindre la libération (moksha). En revanche, le christianisme enseigne la résurrection des morts et la vie éternelle (1 Corinthiens 15:42-44). La résurrection chrétienne n'est pas une simple continuité de la vie dans un autre corps, mais une transformation glorieuse où les croyants entreront dans une nouvelle création avec des corps incorruptibles.

La réincarnation implique un cycle infini de souffrance et de jugement, alors que la résurrection est une promesse de vie nouvelle et de réconciliation avec Dieu. La Bible enseigne que "il est réservé aux hommes de mourir une seule fois, après quoi vient le jugement" (Hébreux 9:27), ce qui contredit directement la doctrine de la réincarnation. L'apologétique chrétienne doit montrer que la résurrection offre une espérance certaine, où la grâce de Dieu triomphe sur la mort.

5.3 Le Christianisme et le Bouddhisme : Un Dialogue sur la Souffrance et la Libération

Le bouddhisme, bien que souvent considéré comme une religion sans dieu, propose une vision spécifique du monde et de la souffrance humaine. Le Bouddha a enseigné que la souffrance (ou *dukkha*) est une caractéristique fondamentale de la vie, et que la voie pour se libérer de cette souffrance passe par l'élimination du désir et l'atteinte du Nirvana.

5.3.1 La Nature de la Souffrance et sa Solution

L'une des questions fondamentales sur laquelle les apologètes chrétiens peuvent engager un dialogue avec les bouddhistes est la nature de la souffrance. Alors que le bouddhisme enseigne que la souffrance est causée par le désir et l'attachement, le christianisme enseigne que la souffrance est le résultat du péché et de la séparation d'avec Dieu (Romains 5:12). Le remède n'est pas d'éliminer le désir, mais de le rediriger vers Dieu, source ultime de satisfaction.

Le christianisme propose une solution à la souffrance plus complète que celle du bouddhisme. Au lieu de chercher à échapper au monde matériel, comme le propose le bouddhisme, la foi chrétienne affirme que Dieu s'est incarné dans le monde matériel en Jésus-Christ, et qu'Il a porté sur lui-même la souffrance humaine. La croix est le lieu où la souffrance est vaincue, et la résurrection de Jésus est le triomphe de la vie sur la mort.

5.3.2 Le Nirvana et la Vie Éternelle

Le Nirvana, dans le bouddhisme, est l'état d'extinction du soi et de la souffrance. C'est une sorte de non-existence, où l'individu est libéré du cycle de renaissance. En revanche, le christianisme enseigne que la vie éternelle n'est pas une extinction du soi, mais une restauration pleine et parfaite de la personne en relation avec Dieu.

L'apologétique chrétienne doit montrer que l'Évangile propose une espérance positive et personnelle : une vie éternelle de joie et de communion avec Dieu. Jésus a déclaré : "Je suis venu afin que les brebis aient la vie, et qu'elles l'aient en abondance" (Jean 10:10). Cette vie en abondance, une relation pleine avec Dieu, contraste avec l'idée bouddhiste de l'extinction.

5.4 Croyances Africaines Traditionnelles : La Réponse Chrétienne au Polythéisme et à l'Animisme

Dans de nombreuses sociétés africaines, les croyances traditionnelles sont polythéistes et animistes, affirmant que des esprits ou des forces divines imprègnent la nature. Ces croyances influencent la manière dont les individus perçoivent le monde spirituel et interagissent avec les forces invisibles.

5.4.1 Le Dieu Créateur et les Esprits

Une caractéristique clé des croyances africaines traditionnelles est la reconnaissance d'un Dieu suprême qui a créé le monde, mais qui est souvent perçu comme distant, laissant des divinités ou des esprits gérer les affaires humaines. L'apologétique chrétienne doit montrer que, selon la Bible, Dieu n'est pas un être distant, mais un Père aimant et personnel, qui désire une relation directe avec ses créatures.

Les apologètes chrétiens doivent également confronter la croyance dans les esprits en soulignant que la Bible reconnaît l'existence des esprits (anges et démons), mais enseigne que Christ a triomphé des puissances spirituelles (Colossiens 2:15). Jésus-Christ est le seul médiateur entre Dieu et les hommes (1 Timothée 2:5), éliminant ainsi le besoin de recourir aux esprits ou aux ancêtres.

5.4.2 Les Sacrifices et la Rédemption

Dans certaines cultures africaines, les sacrifices rituels sont couramment pratiqués pour apaiser les divinités ou pour obtenir la protection contre les forces maléfiques. L'apologétique chrétienne doit montrer que Jésus-Christ est l'ultime sacrifice, qui a accompli une rédemption parfaite pour l'humanité. Le livre d'Hébreux déclare : "Mais lui, après avoir offert un seul sacrifice pour les péchés, s'est assis pour toujours à la droite de Dieu" (Hébreux 10:12).

5.4.3 Les Croyances Ancestorales et la Réponse Chrétienne

Dans de nombreuses traditions africaines, les ancêtres jouent un rôle central dans la vie religieuse et spirituelle. On considère souvent que les ancêtres, bien qu'ils aient quitté le monde des vivants, continuent d'exercer une influence sur le bien-être de leur descendance. Ils sont souvent vénérés, et des offrandes ou des rituels sont effectués pour assurer leur bienveillance ou apaiser leur mécontentement.

L'apologétique chrétienne doit aborder cette croyance avec tact, en respectant l'importance que les familles et les communautés accordent aux traditions ancestrales, tout en montrant que la Bible enseigne une perspective différente sur la relation entre les vivants et les morts. Les Écritures sont claires sur le fait que Dieu seul mérite l'adoration et que la relation entre les vivants et les morts est brisée par la mort physique. Hébreux 9:27 rappelle que "il est réservé aux hommes de mourir une seule fois, après quoi vient le jugement", soulignant ainsi que les âmes ne reviennent pas sur terre pour influencer les vivants.

Jésus-Christ, par son sacrifice parfait, est le seul intermédiaire entre Dieu et les hommes (1 Timothée 2:5). En expliquant cette vérité, les apologètes doivent montrer que la foi en Jésus libère de la crainte des ancêtres ou des esprits, car le Christ a vaincu la mort (Romains 8:38-39). Cette assurance permet aux croyants d'avoir une relation directe avec Dieu, sans avoir besoin d'intermédiaires ou de médiations ancestrales.

5.4.4 Le Respect des Traditions Culturelles et la Transformation par l'Évangile

L'un des défis majeurs que rencontre l'apologétique chrétienne dans les contextes traditionnels africains est de trouver l'équilibre entre le respect des traditions culturelles et la proclamation de l'Évangile qui transforme les vies. Beaucoup de pratiques religieuses traditionnelles sont profondément enracinées dans les communautés locales et servent de base à l'identité culturelle. Ainsi, rejeter ces pratiques peut être perçu comme une attaque contre l'identité même des individus et des groupes.

L'apologétique chrétienne ne doit pas simplement rejeter ces pratiques en bloc, mais chercher à discerner ce qui peut être redéfini à la lumière de l'Évangile. Paul, dans ses lettres, montre comment la foi en Christ peut purifier et réorienter les pratiques culturelles sans détruire l'essence des cultures. Par exemple, des éléments culturels tels que le respect des aînés, l'hospitalité, ou l'unité communautaire sont des valeurs que l'Évangile peut renforcer et transformer.

Le christianisme enseigne que toute culture humaine est affectée par le péché, mais que Christ est venu racheter et restaurer ce qui est bon. Ainsi, l'apologétique chrétienne doit affirmer la valeur des cultures tout en montrant que l'Évangile transcende les frontières culturelles pour apporter une transformation profonde, qui touche à la fois les individus et les communautés.

5.5 Dialoguer Respectueusement avec les Autres Religions

L'une des clés pour réussir dans l'apologétique face aux autres religions est de s'engager dans un dialogue respectueux et constructif. Le but de l'apologétique n'est pas de vaincre ou de ridiculiser les croyances des autres, mais de présenter la vérité de l'Évangile de manière à ce qu'elle soit comprise et considérée sérieusement. Cela implique d'écouter les autres avec patience, d'essayer de comprendre leurs croyances et leurs expériences spirituelles, et de répondre avec amour et humilité.

5.5.1 L'Importance de la Connaissance et de la Compréhension

Pour bien dialoguer avec les croyants d'autres religions, il est crucial d'avoir une connaissance de base de leurs doctrines, de leurs pratiques, et de leurs croyances. L'apologétique chrétienne doit s'efforcer de comprendre non seulement les textes sacrés des autres religions (comme le Coran, les Vedas, ou les Écrits bouddhistes), mais aussi la manière dont ces croyances sont vécues au quotidien par leurs adhérents. Cette compréhension permet non seulement d'éviter les malentendus, mais aussi de démontrer un véritable respect pour la personne avec qui l'on dialogue.

En plus de cela, il est important de connaître les points communs qui existent entre le christianisme et d'autres religions, comme le respect de la moralité, la quête de la vérité, ou l'aspiration à une vie spirituelle authentique. Ces points de convergence peuvent servir de ponts pour présenter l'Évangile d'une manière qui résonne avec l'expérience de l'autre.

5.5.2 L'Écoute Active et l'Humilité

Un autre aspect essentiel de l'apologétique dans un contexte interreligieux est l'écoute active. Trop souvent, les débats théologiques peuvent dégénérer en affrontements intellectuels où chacun cherche à prouver son point de vue sans écouter réellement ce que l'autre a à dire. L'écoute active permet non seulement de comprendre les objections et les questions de l'autre, mais aussi de montrer que l'on accorde de la valeur à leur perspective.

L'apologétique chrétienne doit être caractérisée par l'humilité, en reconnaissant que la vérité n'est pas une arme pour écraser les autres, mais une lumière qui éclaire. Paul rappelle que nous devons "répondre avec douceur et respect" (1 Pierre 3:15). Ce respect pour l'autre n'implique pas de compromettre la vérité, mais de la présenter avec amour, en étant conscient que c'est le Saint-Esprit qui convainc les cœurs.

5.5.3 Le Témoignage Vivant de l'Évangile

En fin de compte, l'apologétique chrétienne ne consiste pas seulement en arguments rationnels et intellectuels, mais aussi en un témoignage vivant de la puissance de l'Évangile. La vie des chrétiens doit refléter l'amour, la grâce et la transformation que seul le Christ peut offrir. Un chrétien qui vit selon l'Évangile, en aimant ses ennemis, en pardonnant, et en servant les autres, est souvent le meilleur apologète.

Les apologètes doivent se rappeler que la conversion ne repose pas uniquement sur des arguments intellectuels, mais sur une rencontre personnelle avec Jésus-Christ. Il est donc essentiel d'accompagner toute défense de la foi d'une prière fervente pour que le Saint-Esprit ouvre les cœurs et les esprits à la vérité de l'Évangile.

5.6 Les Défis Communs dans le Dialogue Interreligieux

Dans le cadre du dialogue interreligieux, les apologètes chrétiens sont confrontés à plusieurs défis majeurs. L'un des plus grands est le maintien de l'intégrité de la foi chrétienne face aux influences extérieures, et l'autre est la réponse appropriée à l'hostilité et à l'intolérance qui peuvent surgir dans certains contextes religieux et culturels.

5.6.1 Le Syncrétisme Religieux : Un Risque Constant

Le syncrétisme religieux se produit lorsque des éléments de différentes religions sont mélangés pour former une nouvelle croyance ou pratique spirituelle. Cela se voit dans de nombreuses cultures où les influences religieuses sont multiples. Le danger du syncrétisme est qu'il peut diluer et déformer le message original de l'Évangile. Ce phénomène est particulièrement présent dans des contextes où le christianisme coexiste avec des croyances traditionnelles ou d'autres grandes religions.

a. Le Syncrétisme dans le Contexte des Croyances Traditionnelles

En Afrique et dans d'autres régions du monde où les croyances animistes et ancestrales sont répandues, il est fréquent de voir un mélange entre la foi chrétienne et les pratiques spirituelles traditionnelles. Par exemple, certains peuvent se dire chrétiens tout en continuant à pratiquer des rites pour honorer les ancêtres ou demander leur protection. Ces pratiques, bien qu'elles soient ancrées dans la culture, entrent en contradiction directe avec l'enseignement chrétien sur l'exclusivité de l'adoration de Dieu (Exode 20:3).

Les apologètes chrétiens doivent répondre à cette confusion en expliquant que le christianisme repose sur une relation directe avec Dieu à travers Jésus-Christ, et que toute autre forme de médiation spirituelle, que ce soit par des ancêtres ou des esprits, n'est pas nécessaire. Hébreux 9:15 montre que Jésus est l'unique médiateur de la nouvelle alliance, et que son sacrifice est suffisant pour la rédemption. Il est essentiel de mettre en évidence que le syncrétisme dilue la foi chrétienne, en introduisant des pratiques qui ne viennent pas de la Parole de Dieu.

b. Le Syncrétisme dans les Contextes Pluralistes

Dans les sociétés modernes, en particulier en Occident, le pluralisme religieux est souvent encouragé. Ce pluralisme peut mener à une forme de syncrétisme "intellectuel" où les gens adoptent une vision du monde selon laquelle toutes les religions se valent et mènent à Dieu de différentes manières. Ce relativisme religieux peut également pousser certains chrétiens à vouloir adapter leur foi pour la rendre plus acceptable ou tolérable dans des environnements interreligieux.

L'apologétique chrétienne doit alors réaffirmer l'unicité de Christ. Jésus déclare clairement dans Jean 14:6 : *"Je suis le chemin, la vérité, et la vie. Nul ne vient au Père que par moi."* Ce passage, central pour l'apologétique chrétienne, réfute l'idée que toutes les voies mènent à Dieu. Il ne s'agit pas d'une déclaration d'intolérance, mais d'une vérité basée sur la révélation de Jésus-Christ lui-même. Les apologètes doivent expliquer que le respect des autres religions ne signifie pas accepter toutes les croyances comme étant vraies, mais plutôt maintenir la vérité de l'Évangile tout en dialoguant avec respect et amour.

c. La Position de Paul face au Syncrétisme

L'apôtre Paul a déjà affronté des formes de syncrétisme dans l'Église primitive. Dans sa lettre aux Galates, Paul s'attaque à ceux qui tentaient de mélanger l'Évangile de Christ avec des pratiques légales de l'Ancien Testament, ce qui compromettait la pureté du message de la grâce (Galates 1:6-9). Pour Paul, toute modification ou altération de l'Évangile authentique était une trahison de la foi chrétienne.

L'apologétique doit s'inspirer de cette fermeté, en restant fidèle à l'Évangile, tout en engageant des conversations respectueuses avec ceux qui croient autrement. Le syncrétisme est souvent présenté comme un moyen d'unité ou de tolérance, mais il mène souvent à une confusion théologique et à un compromis spirituel qui dilue l'essence de la foi chrétienne.

5.6.2 La Persécution et l'Intolérance : Répondre avec Amour et Courage

Un autre défi majeur dans le dialogue interreligieux est la réalité de la persécution et de l'intolérance. Dans de nombreux contextes, défendre la foi chrétienne ou témoigner de l'Évangile peut entraîner des représailles, qu'elles soient sociales, politiques ou physiques. Jésus lui-même a averti ses disciples que le monde les haïrait parce qu'ils ne sont pas du monde (Jean 15:18-20). L'histoire de l'Église, depuis ses débuts, est marquée par la persécution, que ce soit sous l'Empire romain ou aujourd'hui dans certaines parties du monde musulman, communiste, ou autres.

a. Répondre à la Persécution avec Amour

Lorsque les chrétiens sont persécutés à cause de leur foi, l'Évangile enseigne qu'ils doivent répondre avec amour et bénir leurs persécuteurs. Jésus a dit : *"Aimez vos ennemis et priez pour ceux qui vous persécutent"* (Matthieu 5:44). L'une des caractéristiques uniques du christianisme est cet appel à l'amour dans un contexte de persécution, et cela peut être une forme d'apologétique puissante. L'amour désintéressé et le pardon des martyrs chrétiens tout au long de l'histoire ont souvent servi de témoignage vivant de la puissance transformante de l'Évangile.

L'apologétique dans un contexte de persécution ne se limite pas à la défense rationnelle de la foi, mais s'accompagne d'une démonstration pratique de la grâce et de la paix que Dieu accorde à ses enfants, même dans les moments les plus difficiles. Les apologètes doivent encourager les croyants à persévérer dans l'espérance, sachant que "la persévérance produit la victoire dans l'épreuve" (Romains 5:3-4).

b. Maintenir le Courage et la Vérité dans l'Opposition

Face à l'intolérance religieuse, il peut être tentant de se replier ou de faire des compromis pour éviter les conflits. Cependant, l'apologétique chrétienne doit toujours rester fidèle à la vérité de l'Évangile. Pierre encourage les croyants à ne pas avoir honte de souffrir pour le nom de Christ, mais à considérer cela comme un honneur (1 Pierre 4:16).

Le courage de rester fidèle à la vérité, même sous la menace de persécution, est une partie intégrante de l'apologétique. Les premiers martyrs de l'Église, comme Étienne (Actes 7), ont défendu la vérité de l'Évangile jusqu'à la mort, devenant des exemples vivants de foi inébranlable. L'apologète doit préparer les croyants à rester fermes dans leur foi, même dans les environnements hostiles, tout en répondant avec sagesse et humilité à ceux qui les persécutent.

c. L'Apologétique dans les Contextes de Persécution

Dans les pays où le christianisme est une minorité persécutée, l'apologétique chrétienne doit être adaptée au contexte. Parfois, la simple proclamation publique de la foi chrétienne peut être risquée. L'apologète doit donc faire preuve de discernement sur la manière d'aborder le dialogue interreligieux dans de tels contextes. L'une des stratégies est de renforcer la communauté chrétienne, en formant les croyants à répondre aux questions et objections de manière discrète mais ferme. Dans d'autres cas, l'utilisation de médias numériques ou de forums privés peut offrir des moyens sûrs de témoigner.

Cependant, malgré les persécutions, l'apologète doit aussi rappeler aux chrétiens que l'Église a souvent prospéré spirituellement dans des contextes de souffrance et de persécution. Le sang des martyrs a souvent été la semence de l'Église, comme l'a noté Tertullien. Il est essentiel de rappeler que Dieu utilise souvent ces périodes d'épreuves pour affirmer la foi de son peuple et pour faire briller la lumière de l'Évangile de manière encore plus forte.

5.6.3 Protéger la Liberté Religieuse et le Dialogue Respectueux

Dans des contextes où la liberté religieuse est garantie, il est essentiel que l'apologétique chrétienne défende non seulement la vérité de l'Évangile, mais aussi le droit de chacun à exprimer et à pratiquer sa foi librement. Le respect de la liberté de conscience est un principe biblique important. Dieu ne force personne à croire en lui ; il appelle à la foi volontaire, et l'apologétique chrétienne doit affirmer ce principe.

Ce chapitre a montré que l'apologétique chrétienne doit non seulement répondre aux défis du scepticisme, mais aussi engager un dialogue respectueux avec les grandes traditions religieuses du monde. En soulignant la singularité de Jésus-Christ, la Trinité, et la grâce salvatrice, les croyants peuvent défendre la foi chrétienne face à l'Islam, l'hindouisme, le bouddhisme, et les croyances africaines traditionnelles. L'objectif n'est pas de vaincre les autres par la confrontation, mais de présenter la vérité de l'Évangile.

Chapitre 6 : Répondre aux Défis Culturels Modernes

Le monde moderne est marqué par des changements sociaux rapides, des évolutions technologiques, et une diversité de croyances et de valeurs qui créent souvent des tensions pour les croyants chrétiens. La culture contemporaine tend à remettre en question les fondements moraux traditionnels, en particulier ceux qui proviennent de la Bible. L'apologétique chrétienne doit donc être adaptée non seulement aux objections intellectuelles, mais aussi aux défis culturels, qui influencent profondément la manière dont les gens perçoivent la vérité, la moralité et la foi.

6.1 La Question de l'Identité : Sexe, Genre et Sexualité

L'un des principaux défis auxquels l'Église est confrontée aujourd'hui concerne la question de l'identité, particulièrement en ce qui concerne le sexe, le genre et la sexualité.

Dans un monde où les identités sont de plus en plus fluides et où les croyances traditionnelles sur le genre et la sexualité sont remises en question, les chrétiens doivent articuler une défense claire et compassionnate de l'enseignement biblique. Les débats autour du sexe et du genre sont devenus des sujets de première importance dans le monde contemporain, notamment avec l'acceptation croissante des identités de genre non-binaires et de la fluidité sexuelle. Par exemple, dans certains pays, des lois ont été adoptées pour permettre aux individus de choisir leur genre indépendamment de leur sexe biologique, comme l'introduction des **toilettes unisexes** dans des institutions publiques ou la reconnaissance légale du **troisième genre**.

Un autre exemple se trouve dans le domaine de l'éducation, où certains systèmes scolaires proposent des programmes qui enseignent aux enfants dès le plus jeune âge la diversité des identités de genre. Cela pose des défis pour les chrétiens, car les enseignements bibliques sur le genre et la sexualité soulignent que Dieu a créé l'homme et la femme (Genèse 1:27). Il devient donc essentiel pour l'apologète de répondre à ces questions avec amour et respect, tout en maintenant l'enseignement biblique sur la sexualité et la complémentarité entre les sexes.

Dans ce contexte, des apologètes comme **Nancy Pearcey** proposent une critique du postmodernisme et de la théorie du genre en soulignant que l'anthropologie biblique, basée sur la création de l'homme et de la femme à l'image de Dieu, offre une vision plus cohérente et pleine de dignité pour les êtres humains. L'apologétique doit donc montrer comment l'enseignement chrétien respecte la valeur de chaque personne tout en affirmant les vérités bibliques concernant la sexualité et le genre.

6.1.1 La Vision Biblique du Genre et de la Sexualité

La Bible enseigne que Dieu a créé l'homme et la femme à son image (Genèse 1:27), affirmant que le genre humain est conçu en deux sexes complémentaires. Cette complémentarité est essentielle non seulement pour la reproduction, mais aussi pour refléter la relation harmonieuse entre Dieu et l'humanité. Le mariage entre un homme et une femme est présenté comme le cadre institutionnel dans lequel la sexualité humaine peut être pleinement exprimée (Genèse 2:24 ; Matthieu 19:4-6).

Les apologètes chrétiens doivent être prêts à défendre cette vision biblique du genre et de la sexualité, tout en reconnaissant la complexité des questions contemporaines liées à l'identité. Dans un contexte où des notions comme le genre non-binaire et la fluidité sexuelle sont de plus en plus acceptées, il est essentiel de démontrer que l'enseignement biblique sur la création de l'homme et de la femme n'est pas une forme de discrimination, mais une affirmation de l'ordre naturel et de la dignité humaine.

6.1.2 Le Mouvement LGBTQ+ et l'Impact sur la Société

Le mouvement LGBTQ+ a pris une place importante dans les débats culturels modernes, défendant une vision de l'identité sexuelle et de genre qui est souvent en désaccord avec l'enseignement chrétien traditionnel. Il est crucial pour l'apologétique chrétienne d'aborder ces questions avec amour et vérité, tout en résistant à la pression culturelle qui cherche à redéfinir les normes morales.

L'apologète doit répondre à ce défi en affirmant que l'amour chrétien appelle à respecter et aimer chaque individu, quelle que soit son identité, mais que cela ne signifie pas renoncer à la vérité biblique. De plus, il est nécessaire de montrer les conséquences potentielles de la normalisation des pratiques et des croyances qui s'écartent du dessein de Dieu, en particulier en ce qui concerne la famille, l'éducation des enfants et la cohésion sociale.

6.2 La Montée du Relativisme Moral

Le relativisme moral, une idéologie qui soutient que les valeurs morales sont subjectives et varient selon les cultures ou les individus, est une force dominante dans la culture moderne. Selon cette perspective, il n'existe pas de vérité morale absolue ; ce qui est "bien" pour une personne peut ne pas l'être pour une autre. Ce relativisme est souvent perçu comme une expression de tolérance et d'ouverture d'esprit, mais il pose un grand défi pour l'apologétique chrétienne.

Dans le monde moderne, des questions telles que le mariage homosexuel et l'euthanasie illustrent bien les défis posés par le relativisme moral. Par exemple, des pays comme la **Belgique** et les **Pays-Bas** ont légalisé l'euthanasie, arguant que chaque personne a le droit de décider de la fin de sa propre vie, en fonction de sa propre morale et de ses valeurs. En matière de mariage homosexuel, de nombreux pays occidentaux l'ont légalisé en affirmant que chaque individu a le droit de définir sa propre morale.

Cependant, ce relativisme moral entre en conflit avec l'enseignement chrétien, qui soutient l'existence de vérités morales objectives enracinées dans la nature de Dieu. Les apologètes chrétiens peuvent citer des exemples tirés des débats publics et des décisions de justice pour montrer les conséquences de l'absence de vérité morale absolue. Par exemple, si tout est relatif, comment pouvons-nous condamner de manière cohérente des pratiques immorales, comme la traite des êtres humains ou la corruption ?

6.2.1 Le Silence des Grandes Autorités Religieuses

Face aux défis culturels modernes, certaines grandes autorités religieuses, comme l'Église catholique et d'autres grandes confessions, ont parfois adopté une position ambiguë ou sont restées silencieuses. Ce manque de position claire face à des questions morales essentielles, telles que les pratiques LGBTQ+, la montée du relativisme moral, et d'autres sujets culturels controversés, peut créer une confusion parmi les croyants.

L'apologétique chrétienne doit encourager les leaders spirituels à prendre des positions fermes basées sur les enseignements bibliques, tout en restant empreints d'amour et de compassion. Le silence face à ces questions peut être perçu comme un abandon des vérités immuables de la foi chrétienne, ce qui renforce le relativisme et l'érosion des valeurs morales dans la société. L'Église doit être une lumière qui éclaire les consciences et qui prône la vérité, même si cela va à l'encontre des tendances dominantes.

6.3 Le Nouvel Ordre Mondial : Implications Spirituelles et Morales

Le concept de nouvel ordre mondial est souvent associé à des changements globaux qui touchent à la gouvernance, à l'économie, et à la culture. Ces changements sont perçus par certains comme une tentative de centraliser le pouvoir, d'effacer les frontières nationales, et de promouvoir une idéologie mondialiste qui pourrait éroder la souveraineté des nations et les valeurs traditionnelles, y compris celles fondées sur la foi chrétienne.

6.3.1 La Réponse de l'Apologétique Chrétienne au Nouvel Ordre Mondial

L'apologétique chrétienne doit s'engager dans une analyse critique des principes qui sous-tendent cette vision mondialiste. Il est essentiel de montrer que si l'unité entre les nations peut être positive dans certains contextes, elle ne doit pas se faire au détriment de la vérité, de la justice, et de la liberté religieuse. Les chrétiens doivent être conscients des agendas qui cherchent à imposer des normes culturelles ou morales contraires aux valeurs bibliques, comme la promotion de la laïcité extrême, du matérialisme, ou du relativisme.

Les apologètes doivent rappeler que l'Évangile transcende les systèmes politiques ou économiques humains et que l'allégeance première d'un chrétien est à Dieu et à Son Royaume. Cela implique de résister à toute tentative d'imposer des structures mondiales qui limiteraient la liberté de conscience ou violeraient les enseignements de la Parole de Dieu.

6.4 L'Escatologie et les Signes des Temps

Les défis culturels modernes, combinés à des événements géopolitiques, économiques et climatiques, suscitent de nombreuses interrogations sur les signes des temps de la fin mentionnés dans la Bible. L'eschatologie, qui traite des événements liés à la fin des temps et au retour de Christ, devient ainsi un point central dans la manière dont les croyants interprètent les développements actuels.

6.4.1 Les Signes des Temps et la Culture Moderne

La Bible parle de signes avant-coureurs du retour de Christ, comme des conflits internationaux, des catastrophes naturelles, l'augmentation de l'immoralité et des persécutions (Matthieu 24 ; 2 Timothée 3:1-5). Les apologètes chrétiens peuvent montrer que plusieurs de ces signes semblent se manifester dans notre époque actuelle, ce qui conduit certains à croire que nous vivons peut-être les derniers temps.

L'apologétique chrétienne, dans un cadre eschatologique, doit aider les croyants à comprendre que les difficultés actuelles, y compris les bouleversements culturels, ne sont pas surprenantes et qu'elles font partie du plan souverain de Dieu. Plutôt que de céder à la peur ou au désespoir, les chrétiens doivent rester fermes dans leur foi, sachant que le retour de Christ apportera la justice et le rétablissement final.

6.4.2 L'Importance de la Vigilance Spirituelle

L'apologétique eschatologique doit aussi insister sur la nécessité de la vigilance spirituelle. Jésus appelle ses disciples à veiller et à être prêts pour son retour (Matthieu 24:42). Dans ce contexte, l'apologétique doit encourager les croyants à rester fermes dans la foi, à poursuivre une vie de sainteté, et à témoigner de l'Évangile avec urgence dans un monde en crise. Les temps difficiles ne doivent pas être une cause de peur, mais une opportunité d'affirmer notre espérance en Christ et de proclamer la vérité.

Répondre aux défis culturels modernes demande une apologétique capable de naviguer dans un monde complexe et souvent hostile aux croyances chrétiennes. En engageant respectueusement les débats sur l'identité, la moralité, la tolérance, et la culture populaire, ainsi qu'en analysant les tendances du nouvel ordre mondial et les signes des temps, les chrétiens peuvent défendre la vérité biblique tout en démontrant que le christianisme offre des réponses cohérentes et profondes aux préoccupations de notre époque.

Chapitre 7 : Stratégies Pratiques pour la Défense de la Foi

L'apologétique ne se limite pas à un exercice intellectuel abstrait ; elle est profondément enracinée dans la vie quotidienne des croyants. Chaque chrétien est appelé à être prêt à défendre sa foi et à rendre compte de l'espérance qui est en lui (1 Pierre 3:15). Cependant, répondre efficacement aux questions et aux objections nécessite à la fois de la préparation et une compréhension claire des différents contextes dans lesquels l'apologétique se pratique.

Dans ce chapitre, nous allons explorer des stratégies pratiques pour la défense de la foi chrétienne, en tenant compte des défis posés par les conversations personnelles, les débats publics et les interactions en ligne. Nous aborderons également l'attitude à adopter en tant qu'apologète : l'importance de l'humilité, de la patience et de l'amour dans le témoignage chrétien.

7.1 Développer une Conversation Apologétique Efficace

L'un des moyens les plus courants pour pratiquer l'apologétique est à travers des conversations individuelles. Ces échanges peuvent se produire avec des amis, des collègues, des membres de la famille ou même des inconnus. Il est essentiel de se préparer à ces conversations de manière stratégique, tout en restant flexible et attentif à l'interlocuteur.

7.1.1 Poser des Questions pour Comprendre

Une des premières stratégies pratiques dans une conversation apologétique est d'apprendre à poser des questions. Trop souvent, nous avons tendance à répondre rapidement avec des affirmations sans d'abord comprendre la perspective de la personne avec qui nous discutons. Pourtant, poser des questions permet de clarifier les croyances de l'autre personne et de mettre en lumière ses présupposés. C'est également un moyen d'engager l'autre dans une réflexion plus profonde sur ses propres convictions.

Voici quelques exemples de questions utiles :

- *Qu'est-ce qui te fait croire cela ?*
- *Comment arrives-tu à cette conclusion ?*
- *Quelles sont tes sources d'autorité pour définir la vérité ?*
- *As-tu déjà envisagé une autre perspective sur cette question ?*

Ces questions permettent non seulement de mieux comprendre la position de l'interlocuteur, mais elles encouragent aussi à engager une discussion plus réfléchie, sans confrontation immédiate.

7.1.2 Répondre aux Objections Courantes

Une autre stratégie pratique consiste à être préparé pour répondre aux objections les plus courantes que l'on peut rencontrer. Voici quelques exemples d'objections fréquentes et comment y répondre de manière concise et réfléchie :

- **"Il n'y a pas de preuves de l'existence de Dieu"** :
  Une réponse efficace pourrait inclure des arguments cosmologiques (comme celui du Big Bang), téléologiques (l'ajustement fin de l'univers), ou moraux (la source des valeurs morales objectives). Il est également possible de renvoyer à des expériences personnelles de foi tout en soulignant que l'absence de preuve scientifique n'est pas une preuve d'inexistence.

- **"La religion est la cause de beaucoup de conflits et de violence"** :
  Les apologètes peuvent rappeler que bien que des conflits aient été associés à la religion, cela ne discrédite pas le message de paix de l'Évangile. Jésus a enseigné l'amour du prochain et le pardon, et beaucoup des conflits historiques sont plus politiques que purement religieux. Il est aussi utile de souligner les nombreuses contributions positives du christianisme à la paix, à la justice, et aux droits de l'homme.

- **"La science a réfuté la foi"** :
  Les apologètes peuvent démontrer que la science et la foi ne sont pas incompatibles, comme nous l'avons vu dans les chapitres précédents. En fait, plusieurs grandes figures scientifiques étaient croyantes. Il est également utile d'expliquer que la science traite de l'observation du monde naturel, tandis que la foi aborde des questions métaphysiques et morales.

7.1.3 Partager son Témoignage

L'apologétique ne doit pas se limiter à des arguments intellectuels ; elle peut aussi inclure des témoignages personnels de transformation spirituelle. Les expériences vécues peuvent toucher les gens de manière que les arguments abstraits ne le peuvent pas. Partager ce que Dieu a fait dans votre vie et comment votre relation avec Christ vous a transformé peut ouvrir des cœurs et donner un exemple concret de la puissance de l'Évangile.

Lorsque vous partagez votre témoignage, il est important de le faire avec authenticité et humilité, tout en soulignant que chacun peut avoir une expérience différente avec Dieu. Un témoignage efficace peut amener les gens à se poser des questions sur leur propre vie et leur propre foi.

7.2 Engager le Débat Public : Forums, Conférences, et Médias

Outre les conversations personnelles, l'apologétique se pratique aussi dans des contextes publics : conférences, forums, débats, et même les médias. Ces situations demandent une approche plus structurée et souvent une préparation plus approfondie, car les arguments seront présentés devant un public plus large et potentiellement critique.

7.2.1 Préparer des Arguments Logiques et Bien Documentés

Dans un débat public ou une présentation, il est essentiel de préparer des arguments logiques, bien construits et étayés par des preuves. L'apologète doit être capable de présenter ses arguments de manière claire et concise, tout en étant prêt à répondre aux contre-arguments de manière respectueuse.

Une approche utile consiste à structurer votre argumentation selon la méthode classique du discours persuasif :

1. **Énoncer la thèse** : Quelle est la position que vous défendez ? Par exemple, "Jésus est le Fils de Dieu et est ressuscité des morts."

2. **Présenter les preuves** : Citez des preuves historiques, bibliques ou philosophiques pour soutenir votre position.

3. **Réfuter les objections** : Anticipez les objections probables et répondez-y avec respect et logique.

4. **Conclure avec une invitation** : Terminez en invitant votre public à réfléchir davantage ou à envisager une autre perspective.

7.2.2 L'Importance de l'Éthique dans le Débat

Un débat apologétique n'est pas une bataille pour "gagner" contre l'autre, mais une occasion de clarifier la vérité et d'éclairer les esprits. Il est donc crucial de maintenir une éthique élevée dans la manière dont on aborde les échanges. Cela inclut :

- Éviter les attaques personnelles ou ad hominem.
- Reconnaître lorsque l'autre partie a fait un bon point.
- S'efforcer de toujours rester courtois et respectueux, même lorsque l'autre partie est hostile ou moqueuse.

La manière dont vous vous comportez dans un débat est tout aussi importante que les arguments que vous présentez. L'apologétique chrétienne doit refléter la grâce et la vérité de l'Évangile.

7.2.3 Se Préparer pour les Questions Différentes dans Divers Contextes

Les sujets abordés dans un débat apologétique peuvent varier en fonction du contexte et du public. Par exemple, un débat académique sur l'existence de Dieu peut exiger une approche philosophique et scientifique approfondie, tandis qu'un débat public sur l'éthique chrétienne nécessitera davantage d'arguments moraux et culturels. Il est essentiel de connaître son audience et de se préparer en conséquence.

7.3 L'Apologétique à l'Ère Numérique : Réseaux Sociaux et Environnements Virtuels

Avec l'essor des réseaux sociaux et des plateformes en ligne, l'apologétique s'est étendue à l'espace numérique. Bien que cela offre de nombreuses opportunités pour atteindre un public large et diversifié, cela présente aussi des défis uniques.

7.3.1 L'Engagement en Ligne : Savoir Répondre avec Discernement

Les réseaux sociaux sont des espaces où les débats peuvent rapidement devenir houleux et polarisés. L'apologète chrétien doit être prudent quant à la manière dont il engage les discussions en ligne. Répondre aux objections ou aux commentaires critiques avec gentillesse et respect est essentiel pour maintenir une atmosphère constructive.

Un principe clé pour les interactions en ligne est de toujours chercher à **clarifier, et non à gagner**. Les discussions en ligne, souvent publiques et vues par des milliers de personnes, peuvent être un moyen d'influencer positivement d'autres personnes qui lisent sans participer directement au débat.

7.3.2 Utiliser les Outils Numériques pour Proclamer la Foi

Les plateformes numériques peuvent également être un excellent moyen de diffuser des ressources apologétiques. Les vidéos, les podcasts, les articles de blogs, et les séries de publications sur les réseaux sociaux permettent de partager des arguments et des témoignages qui défendent la foi. De nombreux apologètes modernes utilisent ces plateformes pour rendre accessible le message chrétien à un public qui, autrement, n'assisterait peut-être pas à un débat ou à une conférence.

7.3.3 Gérer le Discernement et l'Éthique en Ligne

Dans l'arène numérique, où les propos peuvent être rapidement mal interprétés ou exagérés, il est important de pratiquer un discernement éthique. Cela inclut la vérification des faits avant de répondre, éviter la propagation de fausses informations, et maintenir un comportement respectueux même sous la pression.

7.4 Attitudes et Qualités de l'Apologète

Au-delà des techniques et des stratégies, l'apologétique chrétienne doit être marquée par certaines qualités spirituelles et relationnelles. L'apologète doit non seulement se concentrer sur les arguments, mais aussi incarner les vertus chrétiennes qui rendent son témoignage crédible.

7.4.1 Humilité et Patience

L'humilité est essentielle dans l'apologétique. Comme le dit 1 Pierre 3:15, nous devons toujours défendre notre foi avec *"douceur et respect"*. Il est important de reconnaître que nous n'avons pas toujours toutes les réponses, et d'être prêt à admettre nos limites.

La patience est également cruciale, surtout dans des contextes où les personnes ne changent pas immédiatement d'opinion. La conversion de l'esprit et du cœur est souvent un processus lent, et il est important de ne pas chercher des résultats immédiats, mais de faire confiance à Dieu pour amener les fruits en son temps.

7.4.2 Amour et Compassion

L'apologétique sans amour devient simplement une rhétorique stérile. L'apologète doit aimer ceux à qui il s'adresse, même s'ils sont en désaccord. Cette attitude est essentielle pour montrer que le message de l'Évangile est motivé par un véritable amour pour Dieu et pour autrui (Matthieu 22:37-39).

7.4.3 Prière et Dépendance de Dieu

Enfin, l'apologétique doit toujours être accompagnée de la prière. La conversion de l'esprit et du cœur ne peut être accomplie que par l'œuvre du Saint-Esprit. L'apologète doit donc s'efforcer de rester dépendant de Dieu, en priant non seulement pour l'efficacité de ses arguments, mais aussi pour la réceptivité des cœurs de ceux avec qui il partage la vérité.

Ce chapitre a fourni des stratégies pratiques pour la défense de la foi chrétienne dans divers contextes : conversations individuelles, débats publics, et interactions en ligne. En développant des compétences apologétiques, tout en incarnant les vertus de l'humilité, de l'amour et de la patience, chaque croyant peut participer à l'avancement du Royaume de Dieu dans un monde de plus en plus sceptique. L'apologétique n'est pas seulement une question d'arguments intellectuels, mais une invitation à partager la vérité de l'Évangile avec douceur et respect.

Conclusion Générale : Pourquoi l'Apologétique est Essentielle Aujourd'hui

Synthèse des Défis Contemporains

Tout au long de cet ouvrage, nous avons exploré les défis variés que la foi chrétienne doit relever dans le monde moderne. Le sécularisme, l'athéisme, le relativisme moral, ainsi que les avancées scientifiques et philosophiques ont conduit à une érosion progressive de la place de la religion dans la société. L'apologétique s'avère aujourd'hui plus que jamais nécessaire pour défendre la foi, non seulement contre ces forces extérieures, mais aussi pour renforcer les croyants eux-mêmes, afin qu'ils puissent comprendre et affirmer la vérité de l'Évangile.

L'apologétique répond aux grandes questions sur l'origine, le sens, et la morale, en montrant que la foi chrétienne n'est ni irrationnelle, ni archaïque, mais profondément cohérente et compatible avec les réalités du monde moderne. Elle engage un dialogue respectueux avec les autres religions tout en affirmant la centralité de la personne de Jésus-Christ. De plus, elle aide les croyants à répondre aux objections scientifiques, philosophiques et culturelles contemporaines, en montrant que la foi en Dieu est à la fois rationnelle et profondément satisfaisante.

Les Méthodes Apologétiques : Un Outil pour le Disciple et l'Église

L'une des clés pour une apologétique efficace repose sur la compréhension et l'utilisation de différentes méthodes apologétiques. Ces méthodes aident à structurer les arguments et à aborder les discussions avec clarté et respect. Voici quelques-unes des méthodes que nous avons vues à travers les différents chapitres :

- **L'Apologétique Classique :** Cette méthode met l'accent sur l'utilisation de la raison pour prouver l'existence de Dieu. Elle inclut des arguments comme l'argument cosmologique (le kalam), l'argument ontologique et l'argument téléologique (l'ajustement fin de l'univers). L'apologète classique commence par établir des bases philosophiques pour l'existence de Dieu avant de défendre des doctrines spécifiques du christianisme.

- **L'Apologétique Présuppositionnelle** : Cette méthode part du principe que toute vision du monde repose sur des présuppositions fondamentales. L'apologète montre que sans Dieu, il est impossible d'avoir un cadre cohérent pour la moralité, la logique ou la science. L'apologétique présuppositionnelle défend la foi en montrant que les systèmes de pensée non-chrétiens ne peuvent fournir de fondement stable pour ces réalités.

- **L'Apologétique Expérientielle :** Cette approche se concentre sur le témoignage personnel et l'expérience vécue de Dieu. Elle répond aux objections en montrant que la foi chrétienne transforme réellement la vie des individus et des communautés, et que les récits de conversion et de changement de vie témoignent de la réalité de Dieu.

- **L'Apologétique Cumulative :** Une méthode qui utilise une combinaison de preuves pour défendre la foi. Elle ne repose pas sur un seul argument, mais sur un ensemble d'arguments issus de la science, de la philosophie, de l'histoire et de l'expérience personnelle pour construire un cas solide en faveur du christianisme.

- **L'Apologétique Culturelle :** Elle engage la culture contemporaine en s'attaquant à ses idoles modernes comme le matérialisme, le relativisme ou le sécularisme, tout en proposant la vision biblique comme une alternative enrichissante et satisfaisante. L'apologète culturel engage également les œuvres d'art, la musique, et les médias populaires pour montrer comment ils reflètent des vérités éternelles qui trouvent leur accomplissement en Dieu.

Encouragement à Poursuivre l'Étude et la Pratique de l'Apologétique

L'apologétique ne se limite pas à des débats théoriques ou à des arguments académiques. Elle fait partie de la mission de chaque croyant : *"Soyez toujours prêts à vous défendre avec douceur et respect, devant quiconque vous demande raison de l'espérance qui est en vous"* (1 Pierre 3:15). Elle vise à fortifier la foi des croyants, à fournir des réponses intelligentes aux sceptiques, et à témoigner de la vérité de l'Évangile dans un monde souvent hostile.

Je vous encourage à poursuivre votre étude de l'apologétique et à développer vos capacités à dialoguer avec ceux qui ne partagent pas vos croyances. Chaque croyant, qu'il soit pasteur, étudiant, ou simple disciple, est appelé à participer à cet effort de défendre la foi et de proclamer la Bonne Nouvelle de Jésus-Christ.

Annexes et Références

Textes Bibliques à Consulter pour l'Apologétique

Voici une sélection de textes bibliques particulièrement utiles pour l'apologétique chrétienne. Ces passages peuvent servir de base pour défendre la foi, expliquer la nature de Dieu, et répondre aux questions sur le sens de la vie.

- **1 Pierre 3:15** : *"Soyez toujours prêts à vous défendre..."* – Le verset fondamental de l'apologétique.
- **Jean 14:6** : *"Je suis le chemin, la vérité, et la vie"* – Jésus-Christ est l'unique voie de salut.
- **Actes 17:16-34** : Le discours de Paul à l'Aréopage – Exemple d'une défense intelligente de la foi dans un contexte philosophique.
- **Colossiens 2:8** : *"Prenez garde que personne ne fasse de vous sa proie par la philosophie et par une vaine tromperie..."* – Mise en garde contre les idées trompeuses.
- **Romains 1:20** : *"Car, depuis la création du monde, les perfections invisibles de Dieu, sa puissance éternelle et sa divinité, se voient comme à l'œil..."* – La création témoigne de l'existence de Dieu.
- **Psaume 19:2** : *"Les cieux racontent la gloire de Dieu..."* – Témoignage de la création.

Livres et Ressources Recommandées pour Approfondir

Pour poursuivre l'étude de l'apologétique, voici une sélection d'ouvrages classiques et contemporains, ainsi que des ressources en ligne qui seront d'une grande aide pour les étudiants et les pasteurs.

Livres Classiques

- **Mere Christianity** (*Les fondements du christianisme*) de C.S. Lewis : Un livre incontournable pour une présentation accessible et convaincante de la foi chrétienne.
- **Christian Apologetics** de Douglas Groothuis : Un manuel complet qui couvre tous les grands sujets de l'apologétique moderne.
- **Reasonable Faith** (*La foi raisonnable*) de William Lane Craig : Une défense solide et académique de la foi chrétienne à travers des arguments philosophiques et scientifiques.

- **The Case for Christ** (*Plaidoyer pour Christ*) de Lee Strobel : Une enquête journalistique qui examine les preuves de la résurrection de Jésus.

Ouvrages Spécialisés

- **God's Crime Scene** de J. Warner Wallace : Une approche apologétique utilisant les principes d'une enquête criminelle pour examiner les preuves de Dieu.
- **The Language of God** de Francis Collins : Un regard scientifique et spirituel sur la compatibilité entre foi et science, écrit par le directeur du Human Genome Project.

Ressources en Ligne

- **Reasonable Faith** (site de William Lane Craig) : www.reasonablefaith.org – Un site avec des articles, vidéos, et podcasts sur des sujets apologétiques.
- **Ravi Zacharias International Ministries** : www.rzim.org – Une grande plateforme pour des débats et des conférences sur la foi chrétienne.
- **Stand to Reason** : www.str.org – Une ressource pour apprendre à défendre la foi chrétienne avec clarté et grâce.

I want morebooks!

Buy your books fast and straightforward online - at one of world's fastest growing online book stores! Environmentally sound due to Print-on-Demand technologies.

Buy your books online at
www.morebooks.shop

Achetez vos livres en ligne, vite et bien, sur l'une des librairies en ligne les plus performantes au monde!
En protégeant nos ressources et notre environnement grâce à l'impression à la demande.

La librairie en ligne pour acheter plus vite
www.morebooks.shop

www.ingramcontent.com/pod-product-compliance
Ingram Content Group UK Ltd.
Pitfield, Milton Keynes, MK11 3LW, UK
UKHW042053131224
452457UK00001B/194